你可以痛，但一定要幸福

艾天晴 著

中国社会出版社
国家一级出版社★全国百佳图书出版单位

图书在版编目（CIP）数据

你可以痛，但一定要幸福 / 艾天晴著. —北京：中国社会出版社，2013.8

ISBN 978-7-5087-4475-9

Ⅰ.①你… Ⅱ.①艾… Ⅲ.①爱情—通俗读物 Ⅳ.①C913.1

图字 01-2013-5843

中国版本图书馆CIP数据核字（2013）第139378

书　　名：你可以痛，但一定要幸福

著　　者：艾天晴

责任编辑：魏光洁

助理编辑：武瑾瑾

出版发行：中国社会出版社　**邮政编码**：100032

通联方法：北京市西城区二龙路甲33号新龙大厦

电　话：编辑部：（010）66026807　（010）66061723

邮购部：（010）66081078

销售部：（010）66080300　（010）66085300

（010）66083600

传　真：（010）66051713　（010）66080880

网　　址：www.shcbs.com.cn

经　　销：各地新华书店

印刷装订：中国电影出版社印刷厂

开　　本：155mm×225mm　1/16

印　　张：9.5

字　　数：100千字

版　　次：2013年9月第1版

印　　次：2013年9月第1次印刷

定　　价：25.00元

自序
没有永远顺利的爱情

在我们所认识的女性朋友中，能够一次就恋爱成功、走向红毯的幸运女人，应该不用十根手指头就可以数完吧！几乎每个人都会经历几段爱情之后，感情才终能开花结果。每一段感情的过程，女人几乎都逃不过流泪的命运，尤其感情失败、结束时，眼泪可能就要流上几个月甚至一整年。

如果爱情的过程能够依照我们的期待发展，一路上甜甜蜜蜜、纯真无邪，努力付出并获得完美的回报，那就是再完美不过的爱情了。偏偏，爱情常常让人在尝到甜蜜滋味后，又让人痛哭流涕，而在尝过爱情的甘苦后，应该少有女人会无视感情路上的种种陷阱，抛开过去难以遗忘的“心痛”，坚定地相信自己一定能找到完美的爱情。

其实，不顺利的爱情是最好的爱情养分，让我们不必一再掉入同样的陷阱，不再重复尝到撕裂的“心痛”，我们就要学习辨识并放开不实际的期待，学习让自己不再伤心、失望，学习从错误中得到教训与成长。

有自信的女人不论经历多少次情伤，都会争取一个值得她爱的男人，在爱情领域里，是她在淘汰男人，而不是被男人淘汰；有些女人则在受过几次情伤后，即使有好男人出现在她们眼前，她们也会因觉得疲惫而放弃争取，是她们把自己淘汰掉了。

很多女人一谈起恋爱，就会把对方的一切都看得越来越重要，就越想抓紧他，于是放弃了自尊、自我价值，对自己也就变得越来越没有信心。最后，再次走上被抛弃的命运。

所以，下次当我们和一个男人交往一年后，了解他不重视我们时，就不要和他再继续耗下去。一个与我们心灵距离遥远的男人，不论我们为他付出多少，当我们想和他共筑一个窝时，他却只想拖延，而且越久越好。这时，我们应该做的是转身离开，让他独自留在自己所建造的、离我们遥远的那条道路上吧！让他知道，他不是我们的全部，他无法圆满我们的爱情与人生。

爱人如果是那么苦的话，就失去真爱的意义了。爱上不该爱的人，引起第三者或更多人一起卷进这场旋涡，包括你亲爱的家人、朋友都承受着这般负担，你还怎能置身事外，只为眼前短暂的幸福，却拖更多人下水。

何不掉头去寻觅能使你快乐的事？

我们都明白，爱情只是人生的一部分，想想无忧无虑，不知爱情愁滋味时的我们，曾是如此快活！没什么事情不能重新开始的，为什么要让自己的执迷剥夺了拥有快乐的权利。

我们可以不懂爱情，却不能在幸福来敲门时，充耳不闻。如何勇敢地放掉错误的爱情、留住美好的记忆，同时真实面对自己，随时准备好迎接真正的幸福，才是身为现代人该学习的新课题。

目录 CONTENTS

PART 1

爱情世界里一定不能做的 4 件事

1 和男人硬碰硬

一味和男人硬碰硬，完全不愿让步的女人，是用情绪与贺尔蒙在谈恋爱，而不是以智慧在谈恋爱，最后只能一个人走自己的爱情路。

不知道大家有没有想过，在一段爱情关系中，我们能送给对方最棒的爱情礼物是什么？

答案是：“爱情灵活力”，也就是拿掉硬碰硬的心态。

表面上看来，爱情灵活力是我们送给对方最棒的礼物，但最大的受益者却是我们自己。当我们接受另一个人，并容许他进入我们的生活时，接下来就是两人在差异上的磨合，把对方和我们的需要调整到平衡的状态。绝大多数女人在遭遇这些差异时，通常有两种选择：宁死不屈、硬碰硬，一定要对方让步；或理性、冷静地进行了解，看看是否真的该由我们来让步。

军事家孙子说：“治兵不知九变之术，虽知地利，不能得人之用矣。”意思是指，就算能把握环境与战况的变化，若无法灵活应变，随时调整策略，即使我们占尽优势，也不可能获得成功。

在爱情关系中也是如此。爱情灵活力之所以如此重要，是因为它让我们在不断变化的关系中，随时调整自己的思维与态度。这项能力并不是要我们对某些价值观妥协，而是学习如何根据实际情况的需要，适时作出正确的调整，然后持续我们的那些价值观。

不论是刚坠入爱河或已经有长久且稳定的感情，都不要放弃学习并善用这项能力。拥有爱情灵活力的女性，不但可以让感情越走越顺利，同时能坚持自己的中心价值观。聪明的女人绝不会放弃自己的信念，但也不会因为某件事令她感到很不自在，就一定要改变它。

爱/情/故/事

美瑟和志奇决定一起创业。当两人努力拓展事业的同时，也发展为男女朋友的关系。志奇觉得美瑟的领导态度不够权威，要求她在开业务会议的时候，要表现得严格、强势一点，而且还要求她打电话给一些难缠又讨厌的客户，因为志奇觉得他们不能再让客户如此予取予求，应该要拿出勇气，表现得强悍和果断一点。这项要求令美瑟感到十分为难。

“不公平，”美瑟抱怨道，“你讨厌和那些客户打交道，我也不喜欢！更何况，你很清楚，应付那些难缠的客户，你本来就比我在行。”

“我不想一直当坏人，这件事对你来说很难，但对我而言，也不轻松啊！”志奇答道。

“我不打R，这种事我做不来！”

“你都还没试试看，怎么知道做不来?”

美瑟一脸哀怨地说：“你以前什么事都会顺着我，从来不会这样强迫我，你是不是不爱我了?”

志奇露出一脸不耐烦的神情，“我当然爱你，但我们现在是在谈工作，不是在谈爱情。而且你也看到了，我真的很忙！”

美瑟冷静下来后仔细思考，她不能一直躲在志奇的背后，只做一些比较轻松、不用面对客户的工作。既然事业是两人的心血，她就应该要多承担一些，更何况志奇努力开发业务，经常忙得连吃饭的时间都没有，她更应该要做他坚强的后援。于是，她拿起电话，开始打给一些“不好应付的客户”。

几星期后，美瑟发现，其实这件事最大的赢家就是她自己，她不但化解了志奇日积月累的不满情绪，减轻他沉重的工作量，也慢慢学会与客户打交道的技巧。更重要的是，她也因此学会在困难的情境中，能够更有效、更自信地处理情绪化的问题。

爱情显微镜

爱情若是硬碰硬，最后败阵的通常是女人。

爱情路并不是一条只能一直前进的单行道。走在爱情路上的人，因为两人之间的差异，使得任何一方都可能随时停下脚步或转弯；也可能在走到一半时，选择和不同的人走向不同的另一条爱情路。

想和伴侣一直保持走在同一条路上，就要拿掉硬碰硬、宁死不屈的态度。这并不是要我们委曲求全，放弃自己的尊严与价值观，用以换取感情的圆满；而是要了解我们的伴侣，掌握我们与伴侣之间的差异，然后视情况适时调整自己的心态，让两人的差异越来越小，棱角越磨越光滑。

2 把感情托付给感觉不对的男人

每个女人都希望被男人照顾，但大部分的女人在开始谈恋爱时，也不管对方是不是“对的人”，就努力照顾、包容对方。别急，先看清楚了，再发挥女人的母性吧！

爱情虽然甜蜜，但同时也带来许多始料未及的危险或困难。即使我们有疯狂的冒险精神，相信也会选择一条安稳的冒险之路，而不是为了寻求刺激，刻意挑战困难的感情或根本不适合我们的男人。

女人如果能够诚实地面对自己内心的感觉，那么在恋情走到某一个阶段时，她就能明白自己的致命缺点是什么了。我们无法掌控或召唤恋爱的好运气，但如果我们能够做出好选择，恋爱的好运气就会有机会降临在我们身上。

所谓“好选择”，并不一定是指兴奋或戏剧性的浪漫事件，而是诚实地面对恋情，并做出不会让自己最后受到伤害的选择。女人在恋爱的时候，常常把对方的缺点看成优点；当对方总是逃避敏感性问题，或行踪总是神神秘秘，或因为恐惧而拖拖拉拉不愿做出承诺时，女人就会为他找借口，为他把行为合理化。女人的这些行为，其实是在为自己的爱情做愚蠢的选择。

许多女人经常会被某种看似浪漫却危险的现象所迷惑，甚至在爱情关系中寻找危险，例如，当女人遇到一个会隐瞒过去的男人、会对她说谎的男人、有虚伪一面的男人、爱自己胜于爱她的男人、她比较需要他的男人，或令她感到焦虑的男人。女人会想要证明自己有能力而挑战这些不正常的现象，或深信只要有坚定不移的爱，所有的困难都会一一化解。

不论多么不愿意承认，聪明的女人还是会诚实地面对内心真正的感觉。当她对伴侣有不好的感觉时，就不会把心交给他；当她发现男人只会说却不会做时，也不会把心交给这种光说不练的男人；当她发现男人处处想控制她时，她绝不会爱上这种有控制欲的男人；面对个性温柔、敏感但脆弱，害怕表达内心感觉的男人，她也会和他保持适当的距离。

聪明的女人不会把感情托付给令她感觉有疑问或不舒服的男人，因为和这些男人相处是在浪费时间，而且最后一定是有害无益。每个女人都希望被男人照顾，但大部分的女人在陷入恋爱时，也不管对方是不是“对的人”，就急着发挥母性的本能，努力地照顾对方、包容对方，让自己在不知不觉中，掉入充满危险的爱情里，而聪明的女人则会把母性留到确定能够接受对方时才付出。

如果真的很想寻找冒险、刺激的爱情，那么就阅读一本爱情小说，或看一部刺激的爱情电影，让故事中的人物来满足我们所想要的冒险与刺激，而不需用我们最宝贵的时光亲身体验，最后落得浑身是伤的下场。我们的爱，是上天给我们最珍贵的礼物，千万别白白浪费在那些让我们感觉不对的人身上。

千万不要因为恋爱就丧失理智。不论有多么爱他，或离开他会让我们的心有多痛，都绝对不要留恋一个不会照顾我们、不尊重我们或让我们没有安全感的男人。

爱/情/故/事

美琪和建廷在一场派对上一见钟情，两人的感情如胶似漆，相识不到两个星期便同居了。

住在一起后，美琪发现建廷偶尔会失踪，而且对行踪交代不清，若不是说老板临时找他谈事情，就是说某个朋友出了一点小意外。偶尔看到他深夜在房间里神神秘秘地打手机，一看到她出现，便立刻把手机关掉。当她问起时，他便支吾其词地说是同事打来问一些工作上的事。

对于这些感觉不对劲的现象，美琪并不以为然。由于两人认识的时间不长，再加上两人绝大部分的时间都腻在一起，对彼此的朋友、同事甚至家庭背景都不熟悉，自然美琪也就无从追问是哪个朋友出意外或哪个同事打的电话。

两人相处不到一个月，建廷便向美琪索取她的银行账号。

这个突如其来的请求令美琪起了疑心。

“我想买礼物送你，可是我又不知道你喜欢什么，所以我决定把钱汇到你的户头，你可以买你喜欢的东西。”建廷深情地对美琪说。

美琪被建廷的深情与体贴深深感动，便毫无怀疑地把账号给了他。之后，每个星期，美琪都会发现账户里多3000元或5000元。有一天，美琪发现建廷汇了10万元到她的账户，她吓了一跳，以为他弄错了。

“没错，就是10万元。因为我最近领到一笔丰厚的业绩奖金，所以我打算送你一份比较昂贵的礼物。”建廷得意地解释。

第二天上班时，美琪掩不住心中的甜蜜与喜悦，和要好的女同事分享她的恋情，让她们都羡慕不已。这天下午，美琪突然接到建廷的电话，他语气着急地表示一个非常要好的朋友出了一点意外，急需一笔现金周转，但他没有那么多钱，可不可以先把那笔10万元领出来帮朋友。美琪本来就觉得那10万元是建廷的，他当然可以使用，但她下午有一个很重要的会议，无法到银行领钱，所以她请建廷到办公室拿存折与印章，再去银行提领。

那天晚上，建廷没有回家。美琪打电话给他，他的手机一直没人接听，她以为他还在帮朋友处理意外，没空接听电话。隔天，美琪再打给建廷，结果还是一样，美琪心里觉得不对劲，于是打电话到银行查存款，发现建廷竟然把她账户里的钱全提光了，一共是300多万！

震惊到脑海中已经一片空白的美琪，请私家侦探追查建廷的行踪，结果他在中部的某个市区开创了自己的事业，而且和另一个女人逍遥快乐地生活。

爱情显微镜

如果觉得挑战一个有种种缺点或问题的男人，或一个让人觉得很有刺激感的男人，如此才能满足爱冒险的感觉，那么就得做好心理准备，因为到最后伤心难过的人一定是自己，而不是对方。

别把自己想得太伟大，以为对他付出一切，他就会为我们改变，“不对的”男人不会为我们改变或对我们诚实，因为我们并不特别或伟大，至少没有特别或伟大到会让他愿意为我们改变，对我们百分之百诚实。

保持清醒的头脑，才能作出最适合我们的“好选择”。

3 为爱情牺牲自我价值

只有真的做回自己，我们才会得到真正的快乐，才能获得对方的尊重，也才可以把爱情留住。

感情关系中，如果缺少对彼此的鼓励、支持与参与，而偏偏又非常期待且在意伴侣的鼓励、支持与参与时，或许我们应该要重新考虑我们与伴侣之间的关系。我们所做的或感兴趣的每一件事，男人不一定也同样认为这些事很重要。但我们若因为他而让这些事变得无关痛痒，那么他也就不再需要尊重或认同我们的价值观。

聪明的女人会知道，如此危险的绝地不宜久留。她不会因为自己与对方的价值观出现差异，就不再坚守对自己有意义的部分。

在接下来桂美的故事中，桂美放弃了某些对她个人深具价值的兴趣与事物，只因为她无法把这些兴趣与事物量化，好让军翔了解它们的价值。不知为什么，桂美把军翔的价值观看得比自己的还重要，但是当她为军翔割舍某一部分自我时，只会让她更感觉不到自己的存在，让自我变得更为虚弱，最后形成怨恨，造成双重损失。

爱/情/故/事

桂美和军翔交往已经三年了。桂美的生活节奏有些混乱，面对问题时，也习惯用情绪化的方式解决，她非常欣赏军翔有条有理、精算且务实的生活方式，她发现这样的生活态度让她比较有安全感，情绪上也稳定许多。再者，桂美对军翔的生活一清二楚，所以她可以选择任何时间错开军翔有条不紊的生活，享受一下自己随兴的个性。她的生活每件事都配合得恰到好处、适得其所。但也因为如此节奏分明且务实的生活，让桂美几乎失去对自己相当重要的内在价值的认同。

习惯这种凡事精算且务实的生活后，桂美总觉得好像缺少了某些东西。节奏精确的生活反而让她感到心灵空虚与压抑，她渴望能做些有意义的无关事情来发泄感情并填补心灵，做一些与现实精算生活截然不同的事情。于是，她报名参加了绘画课程。令她意外的是，这件事竟引起她和军翔之间首次的严重争执。军翔想知道她为什么要上绘画课程？为什么选在这个时候上课？她是不是想追求什么成就？对于事事精算、讲求投资报酬率的军翔来说，这种单纯只是想画画的理由不具充足的说服力。但对桂美来说，画画确实原本就是她的兴趣，也是她坚持要做的事，只是过去三年，她配合军翔的生活节奏与务实的观念，几乎埋葬了自我。

随着课程的进展，桂美发现自己愈来愈无法自拔，她花在绘画上的时间和精力越来越多，绘画课老师更赞赏她的绘画天分与潜力。即使军翔也非常欣赏她的作品，还会骄傲地把她的作品介绍给前来家里做客的朋友欣赏，但他依然不断地问桂美："你投入这么多的时间和精力在绘画上，到底有什么意义？得到了什么价值？"桂美觉得自己无法给务实的军翔一个满意的答案，每次她都只是笑一笑，耸耸肩，反复地表示她"很享受绘画的过程"。但是这样的解释却只会使军翔心烦，他反驳道："很好，那我们就把车库里的旧扑克牌桌搬出来，让你到公园里摆摊，以后我们就利用周末去卖画。"

"我并不排斥这么做。为了有趣、好玩而做一件事，并没有什么不好，不是吗？"桂美问道。

桂美一时之间忘了"有趣、好玩"这样的字眼不曾出现在军翔的生活里，军翔只是用怪异的眼神看了看她，然后走出房间。

不幸的是，自从那次谈话结束后，桂美就不再画画了，她觉得好像军翔不认为她有特别的天分，而且他一直以来都瞧不起艺术，觉得艺术没有价值，对生活毫无帮助。当她把画收藏到大厅柜子后面时，军翔没有说半句话，桂美甚至不知道他是否注意到这件事。

爱情显微镜

每个人对待爱情的态度都不一样，各人有各自的爱情原则，也各有自己接受的底线，所以，我们最好先问问自己的原则和底线是什么，再决定在感情中，我们可以让步到什么程度，如此才能让我们不会因为爱情而失去自我，我们的感情也才能在平衡中稳定发展。

桂美也许可以这么做，她继续画画，享受绘画的乐趣，因为她深信绘画是让她维持心灵健康的重要兴趣，也是一项有建设性的活动。她或许可以这样对军翔说："我不需要你认为我的画很棒，但我不会因为画画好玩，或因为画画好像不实际或赚不了钱，就放弃我对绘画的兴趣。"桂美或许了解，保护她"享受乐趣"的权益，同时也可以为军翔树立典范。随着时间的推移，她的优点可能会凸显出军翔的狭隘和空虚，并适时引导军翔以不同的角度看待生活，并享受生活。

聪明的女人或懂得生活的女人，不会把自己的兴趣或自我价值当成爱情的牺牲品。不论在什么情况下，她都会找到自己，相信并肯定自己的特点。

4 只为小事争吵，不为大事战斗

许多女人不论男人待她如何恶劣，当听到男人对她说“我爱你”时，就变得神志不清，丧失理智与判断能力，然后举白旗投降。

天底下应该没有哪一对夫妻或情侣是永远不吵架的。即使两个人的感情正好走到最佳状态，两人的个性也很互补，但毕竟两个人的成长背景不同，难免还是会因为个性上的差异，或个人在价值观或想法上的改变，而使得两人的相处产生问题。

我们不该把所有大大小小的争执，都延长为一场战役，这样的争执会变得毫无意义。一点点小分歧就吵成一场无法收拾的战场，只会让男人永远都搞不清楚什么事重要，什么又是不重要的。他们只会觉得我们是在闹情绪，是无理取闹、不可理喻，然后对我们露出不耐烦的脸色，摇摇头、叹口气，之后转身离开。

男人需要我们清楚告诉他，我最在乎的是什么，我们不可碰触的地雷又是什么，而不是每次和他争执、吵架时，都理所当然地觉得他“应该”知道我们到底为何而吵。男人不善于猜测女人的心思，反而觉得会为一点小事而争吵的女人，根本分不清哪一件事是她愿意挺身而战的。如果我们样样都要争、要吵，就无法凸显哪一件事是特别重要的。对男人来说，我们所吵的事情也就没有一件是重要的了。不过，如果我们什么都不争，男人一样也会以同样的眼光看我们。

所以不要为小事吵架，要为我们的中心价值观而吵！如果我们老是为了小事和伴侣吵架，那么等到有一天我们必须为真正重要的价值观吵架时，男人早已失去耐心听我们说些什么了。我们必须在重要价值观受到质疑与威胁时，勇敢地保护它们，即使我们生性并不好斗，也必须鼓起勇气保护自己，必须适应这样危险的挑战。

女人害怕作战的原因有二：除了恐惧，还是恐惧。女人若不是害怕自己的条件不够分量，无法坚定自己的战斗立场，不然就是害怕失去对方。女人会担心，一旦她胆敢宣战，可能就会因此失去某些东西：对方的肯定、对方的承诺、对方的爱，甚至是对方的自制力。不过，当一个男人会因我们为坚持自己的重要价值观或事物而吵，就转身离开我们，就表示他根本不尊重我们，他要的是一个没有自我，凡事配合他的女人。离开这样的男人，我们还需要感到害怕或不舍吗？

聪明的女人相信，自己的感情、需要和价值观具有足够的分量，应该得到自己与伴侣的肯定与认可。她们非常清楚一件事：人生最致命的损失就是我们的尊严。因此，即便她们深爱着对方，也会为了自己极珍贵的东西，而不惜和对方吵架，绝不会让对方觉得她们不敢勇于维护自己的宝贵之物。如果做不到这一点，两人的感情也就无法维持平衡状态。

爱/情/故/事

何融是一名失业的木工师傅，他以自家的庭院作为基地，自行创业，承接一些承包商转包出来的活计，同时还兼做家具维修。经济景气好的时候，他有稳定的工作可维生；景气差的时候，承包商的活计少了，维修的收入就会减少。

淑芬在送沙发维修时，认识了何融。两人约会两个多月后，淑芬开始在周末假日经常待在何融家。她看到的是“一个很会照顾自己、很懂得生活的成年人，而且会固定探视自己与前妻所生的五岁女儿”。

约会几个月后，何融的前妻向他要求孩子更多的养育费，而他的女儿看到他时，就跟看到仇人一样，不肯和他说话。渐渐地，淑芬开始和何融争执。何融与前妻之间的问题对淑芬而言是一件小事，她无力介入，也没有办法介入；但何融对金钱的态度，却让她越来越觉得无法忍受。她发现何融把钱看得非常重，钱财带给他的快乐更胜于女友或家人，他还常抱怨淑芬经常说“老板，这东西怎么卖”或“这东西实在令人太喜欢了”，迫使他每次约会都会超出预算。

某天傍晚，他们和另一对夫妻看完电影后，决定凑钱买速食，然后带到何融家吃。当淑芬在点菜时多点了一份小番茄，超出了何融的预算20元，他开玩笑地说他不会付20元差价。这个举动让淑芬在另一对夫妻面前相当难堪，于是她二话不说，就付了她和何融那一半的钱。

当男人把你往地狱拖时，要当心。这就是淑芬的感觉。她觉得不能再继续忍受何融那不健康的金钱观，因为金钱常是破坏感情或婚姻的最大祸首，如果他们两人在这一点上无法达成共识，感情还如何继续下去？她决定晚上和何融沟通清楚，没想到，在那对夫妻用完餐离去后，何融立刻对她暴跳如雷。

“你为什么要付那一半的钱？你这样做会让别人觉得我是个很吝啬的人。你这个恶毒的女人，你一定是故意的，你就是要让我出糗！”

何融的刻薄让淑芬感到意外又吃惊，但她仍然坚定地维护自己的立场与价值观，并指出何融对自己那么吝啬，对别人也如此苛刻、计较。这样一来，何融更生气了，他要淑芬闭嘴，滚出他家。淑芬问他是否打算和她分手？他却不发一语地赏了她一个耳光，然后粗暴地将她推出门外，并重重地甩上门。淑芬哭着跑到一位姐妹家，对姐妹吐了一整夜的苦水。

两天后，何融打电话到办公室向淑芬道歉，发誓再也不会发生类似的粗暴行为。

“你说得没错，是不会再发生粗暴的行为了，因为我不会回到你身边！”淑芬语气平静地说。

“可是，我爱你！”何融哀求道。

“你不爱我，也不爱任何人，你真正爱的是你的钱和你自己，你就抱着你的钱过一辈子吧！也许那样你会比较快乐！”

爱情显微镜

要为大事战斗，不要为小事吵架！不停地为小事吵架，只会让伴侣不耐烦。但就算是为大事战斗，也不必非得搞到面红耳赤，非争个你输我赢不可。

情侣吵架要多“讲情”、少“争理”，因为我们要争的是，被我们视为比什么都可贵的价值观，我们要做的是，让对方充分了解那个价值观对我们的重要性，让他体会失去那个价值观时，我们会有什么感受，并希望他能尊重我们的想法与决定；并不是指控对方不认同我们的价值观是天大的错误。

“争理”就像用一把锋利的刀砍向对方，在这个过程中，往往会“伤情”。就算最后我们赢得了“理”，却深深地伤害或失去伴侣对我们的感情。

PART 2

爱情中一定要避开的 5 个陷阱

5 太用力看待某些问题

有时候，做一个不用力看待问题的“好人”，而不做那个努力解决问题的“坏人”，反而能皆大欢喜。

相信大家都知道物理学上的反作用力，越用力拍球，球就反弹得越高；同样地，越用力看待问题，问题有时候就会变得越严重。

爱情的反作用力，常会把伴侣眼中的“好女人”变成“坏女人”。有些女人一谈起恋爱，就会很“用力”地看待对方的所有事情，为了求得圆满，也会很“用力”地付出，但积极、真心地付出与对待，却不见得能走向圆满的结果，有时退一步，却能皆大欢喜。

有时候，无为而治更胜于积极面对，当我们积极面对一段感情时，虽然我们出于善意，但常会让伴侣和伴侣的家人感到有压力，觉得我们还未得到他们的认同或容许，便对他们施展权力，想掌控他们的生活节奏，彼此不信任，自然凡事就会和我们唱反调，而我们的善意也就变成了恶果。

无为而治、凡事轻松看待的态度，表面上看起来好像是我们放弃了自己，放弃追求美满的感情，但其实是对伴侣的家庭生活态度的尊重与顺应。顺应的力量就是无为而治的最高智慧，它让有伴侣的家人不会把我们视为闯入这个家庭的外星人，愿意信任我们，这时，才是我们打造美满家庭的最佳时机。

爱/情/故/事

珍妮完全不想步上安迪前女友的后尘。

她和安迪订婚六个月了，她知道安迪经历了一段十分辛苦的婚姻。在他的妻子离去之后，安迪想努力找一位能够和两个儿子和谐相处的女人。不幸的是，他的前女友似乎无法和他的儿子愉快相处，最后两人就不欢而散，感情结束得十分难看。

珍妮一直对自己很有信心，认为同样的情况绝对不会发生在自己的身上。她一开始就很喜欢安迪的两个孩子，也下定决心要和他们父子三人共创一个可爱的家庭。为此，她做了妥协，愿意先对两个孩子付出。只是，随着婚期越来越逼近，她的所有规划和想法都遭受到严格的考验。

珍妮的工作时间和安迪不同，这使得她能够比安迪早两个小时回家，到保姆那里接孩子回家，然后开始准备晚餐。她尽其所能地付出，但她始终无法改变的是，每天都要面对两个孩子的问题。两个孩子经常争吵，而她总是在扮演警察、仲裁者和孩子们讨厌的和事佬角色，这种事情令她很不习惯，而且她还发现，她根本就是在做一些费力不讨好的工作。

当她偏袒其中一个孩子时，两个孩子就会轮流向父亲抱怨！安迪一直不相信珍妮能够真心对待两个孩子，并和他们维持愉快的关系，反而不时会隐约地暗示珍妮：或许她对孩子太严格了，或许她应该停止对待孩子的方式，或许她根本就不了解两个孩子的喜好。然后，另一件令珍妮头痛的事就是两个孩子的房间。她帮他们整理房间，不只是为了他们好，同时也因为她无法忍受孩子们的坏习惯，他们老把满是汗臭味的衣服扔到床上，毛巾随便丢在地板上，吃一半的三明治或点心也不会随手丢进垃圾桶，而是放在桌上或抽屉里，任由它们发臭。

珍妮并不介意做这些事，只是当她做得越多时，安迪对孩子的责任就越少，也就越放任孩子，特别是在规矩方面。每次，当她想讨论孩子的教养问题时，或安迪认为她的教养过于严厉时，或当她在处理和孩子之间的冲突希望得到安迪的支持时，他就会刻意忽略。

有一次他们在谈到孩子的问题时，他告诉她："不要逼我在你和孩子之间做选择。"听到安迪这样说，珍妮知道自己犯了一些非常严重的错误，于是她决定改变和安迪父子的相处态度，她试着让孩子把她当成可信任的朋友，而不是把她看成恶毒的后母。她不再为孩子整理房间，而是选择把他们的房间门关上，迫使安迪自己去处理一团乱的情形。另外，她也决定不再扮演和事佬的角色，而是开心地告诉孩子，她知道他们自己会找到解决两人冲突的方法。

爱情显微镜

每个家庭都有其独特的生活模式，那是他们最感到舒适自在的模式。许多女人在踏进这样的家庭时，总很自然地想改变某些她觉得不好的生活方式，觉得那样可以让一个家庭更完美，但最后却常常事与愿违。

聪明的女人深谙感情关系上的道理：有些问题不必太用力看待，无为而治才是制胜良策。当她要创造圆满家庭时，不会急着想改变对方及其家人习惯的生活方式，也不会急着提供意见，而是静静地观察每一个人，然后再以不露痕迹的方式，一点一滴地改变对方和他家人的生活方式。

6 做个自毁爱情的蠢女人

在爱情关系中，女人如果不知道何时不该战，或该在何时停战，她只会把男人逼到死角，最后逼得男人不顾一切地转身离开。

抓住男人的弱点，并把它当作压制男人、屈服男人的武器，这种完全搞不清楚何时该战、何时不该战的女人，就是爱情里的蠢女人，她注定要被忍无可忍的男人抛弃。

男人的行为，即使有明显的缺点或弱点，或可当作我们战斗时的可用之兵，但千万不要在每次争吵时，就一一数落他的罪状，他们并不是不知道自己的不足之处，但当被逼到绝境时，他会为了维护自尊而激烈反击。不懂得停战或不战智慧的女人，即使握有稳操胜算的筹码，也会因此而玩到全盘皆输。

在下面这段爱情故事中，女主角可馨知道隆洋的所有状况与麻烦，但她并未采取较好的判断，还是继续往战场里冲，不知道何时不是发动战争的时刻，或该停止战争，而且在她要发动战争时，也未做好心理准备，要面对接下来难堪的局面。可馨犯了一个错，她认为自己的立场绝对合理，所以不顾隆洋的种种困境，选择在他已经被所有事情逼到极限的时刻开战。如果在平常的情况下，发动这场战争也许不会导致大战事，但这个晚上，隆洋顾不了那么多了，而这个不顾一切的男人只会拼了命地迎战。

爱/情/故/事

可馨只想要一个答案，一个她可以相信的答案。主动提出要计划进行一趟滑雪之旅的是隆洋，可馨只是想和他讨论并确定一些细节问题而已，但是当可馨找他讨论时，他却显得毫无兴趣。

其实，隆洋并不是后悔这趟滑雪之旅，而是此时他的工作特别忙，他做得很辛苦，而他年迈的老母亲偏偏又出了状况，这一切搞得隆洋心力交瘁，实在没有多余的心思去想滑雪度假的事，事情就这么拖着，一拖就好几个月，使得这次滑雪之旅成行的机会微乎其微。

可馨当然了解隆洋的工作压力，所以她让他尽情地发泄积压了好几个月的压力，而且一谈就是好几个小时。几个月前，隆洋的母亲不幸中风了，虽然不是很严重，但她和隆洋还是每个星期都长途跋涉去探望、陪伴他的母亲。只是，她和隆洋的母亲相处得一直不是很融洽。

几个月下来，可馨觉得自己也承受了相当大的压力，也觉得自己需要喘口气。她不想再这样奔波，想和隆洋独处，轻松地聊聊天、谈谈其他的事，而不是每次一开口就有抱怨不完的问题。她衡量过自己的工作进度后，决定向隆洋要个答案。但隆洋告诉她，他今天又必须待在办公室里加班。当她在10点半打电话到隆洋的办公室时，他的声音听起来既烦乱又疲惫，显然他的工作进行得不是很顺利。

可馨虽然了解这一点，但还是对隆洋提出滑雪旅行这件事，她询问隆洋确切的出发日期。

隆洋回答："我现在急得就像热锅上的蚂蚁，哪里还有心情谈这件事。我接了一个大案子，而且一定要依约准时完成，让我头痛的是，到现在我还无法把需要的资料都收集起来。负责收集这些资料的人今天开始请产假，而我老妈的状况又一直没有改善，我的兄弟们说要把她送到疗养院。坦白地说，滑雪这件事现在完全无法排进目前的生活日程里。"

可馨不高兴地提高音调说："你一直都知道有这些问题存在，但提议要去滑雪的人是你，我已经把所有滑雪的配备都准备好了，现在你得给我一个确定的日期，好让我把工作安排好。"

"不要对我发火，至少今天晚上不要。我晚餐只吃了三明治和不新鲜的咖啡！天哪，我离开停车场的时候，还把车子给剐到了。拜托，我现在真的没有心情讨论这件事。"

爱情显微镜

当伴侣拼了命地反抗我们时，那就是一个严重且清楚的警讯。如果我们还以为他只是工作压力过大或闹闹脾气，那么这段感情就会毁在我们的手里。

当感情进入稳定阶段时，伴侣之间常会因为习惯了，就忘了要站在对方的立场看待事情，一心只在意对方的承诺有没有实现。

女人千万不要觉得已经得到男人的感情与承诺，就认为我们的爱情会永远存在，男人永远都不会离开。别忘了，他承诺的是那个在对他开战、把他逼到死角前的那个女人，而不是眼前这个咄咄逼人的女人。

什么时候对情人开战？什么时候停战？这是一种智慧的选择。如果还未做好准备面对最坏的结果，就不要做个轻易开启战火的蠢女人。

7 把爱和渴望混为一谈

害怕孤独的女人，渴望爱情，也不能没有爱情。在一段爱情结束后，便立刻用另一段爱情来填补内心的孤单，而且每次都相信那是真爱。她们分不清那是渴望还是爱。

当几个女人在一起时，我们经常会听到这样的感叹："唉，我挑男人的眼光真的很差。"她们的重点大都注重在男人令人失望的缺点、恐惧和亲密问题上。的确，没有哪个男人是十全十美的，但在女人的眼中，有哪个男人没有缺点呢？其实女人的真正问题并不是男人的缺点，而是她们选择了哪种男人。她们明明知道他就是一个不值得尊重与托付的人，为什么还要把心交到他的手上？难道她们都看不出其中的风险吗？难道她们都在陷得太深时，才认清这个男人的真实面目吗？

男人真的都那么聪明，那么工于心计，懂得利用那么高明的手段欺骗女人，满口甜言蜜语地对女人做出承诺，却什么都不愿付出吗？事实当然不是这样！事实是，会感叹自己“挑男人眼光差”的女人，她们并不是真的爱这种男人。相反地，她们渴望拥有这种男人，以创造戏剧性的爱情故事，以为爱情就应该高潮迭起，情欲、怨恨纠结。这种女人因为不懂得什么是“爱”，所以分不清渴望的爱情与真正的爱情的区别。

当女人对爱情的认知混淆不清、矛盾时，就会爱上不值得爱或不能爱的男人。爱是一加一大于二的结果，是令彼此都能获益的结果，而不是满足女人自我不切实际的渴望。我们可以找到众多充满神秘感、令人发狂的男人，但我们绝对不可以把那种强烈的神秘感与爱混为一谈。因为，那并不是爱！

强烈追求渴望之情的女人，若不是为了填补内心某些空缺，就是为了寻求一段完全不适合自己的感情，但这两种态度都无法让我们得到真爱。每个女人心中大都藏着一些缺憾，而且大多数的女人会认为“如果我聪明一点、漂亮一点、温柔一点、亲切一点、坚强一点、事业成功一点，他应该就会想和我在一起，所以感情不顺利都是我的错，是我的问题，我活该如此。”但事实并非如此，因为那只是一种不可能实现的希望，并不是爱，而这也是许多女人总是选择令人无法忍受的男人的原因。

渴望会让女人轻率且鲁莽地陷入没有目标的爱情旋涡中，对感情缺乏自信与安全感。她会忽略对方是否已婚，无法自拔地与对方发生亲密关系，但她慷慨奉献自己并无法换得对方的尊重，不知道自己要什么样的男人的女人，以飞蛾扑火的姿态追求能够满足她渴望的男人，这样的女人无法得到男人的尊重与真爱。

每个男人都会盼望有一段专属于自己的感情，而他们选择的真正目标，是懂得尊重自己身体和心灵的女人，而不是满脑子渴望却毫无方向的女人。所以，如果我们希望得到爱，想得到爱，那么就要远离渴望。因为一旦感情里掺杂了渴望，那我们在这段关系中就毫无影响力可言了。

爱/情/故/事

“有个男人对你有兴趣。”在保龄球馆里，有个男人坐到气喘吁吁的靖玟身旁说，“他要我来帮他问问你的意思。”

靖玟不以为意地回答：“你别开玩笑了，我的这些男性朋友都已经有对象了。”

“那个男人就是我！”

靖玟转头看着他，他是她的朋友约来一起打球的，这是他们第一次见面。靖玟只是笑了笑，没有进一步回答他。

“你好好考虑一下，因为我从今天起，就要开始追求你！”

靖玟没有答应他，但也没有拒绝。虽然他单刀直入的方式令她有些感动，但她不再像以前那么冲动。以前，大部分和她约会的男人都像在玩游戏似的，以在最短的时间内追到她为傲，而且都把她当作战利品看待。

这个男人叫宥敬。当他们一群人离开球馆，经过一家花店时，宥敬买了一朵美丽的玫瑰花送给靖玟。第二天晚上，他带靖玟享受了一顿浪漫的烛光晚餐；第三天晚上，他带靖玟到山上看星星；第四天晚上，他带她到河岸看一场特别为她安排的烟火秀。这是靖玟有史以来接受过最浪漫的追求。然后是周末夜，这是最激情、狂热的一夜，这一切让靖玟犹如飞上了云空，她只是尽情地享受着那份浓烈的甜蜜与快乐。这不就是她最渴望的浪漫爱情吗？

然而，这一切都来得太快了，靖玟根本就还没有时间可以冷静下来想想，这样的发展是不是太不合常理了。她不敢相信渴望、幻想中的爱情，竟然会真的出现在她身上。一夜几回激情过后，宥敬告诉她，他爱她，并从内衣抽屉里拿出一个旧式的别针送给她。靖玟并没有问这个别针的由来。

靖玟掉入了宥敬的性瘾里，她完全沦陷在他的甜言蜜语中，一点都不觉得从他嘴里讲出来的"爱"，是廉价又容易的。

"你该不会对每个女人都展开同样迅雷不及掩耳的追求，并跟每个上过床的女人都说爱她们吧？"靖玟娇嗔地问。

"方式不同。"宥敬回答，"你想怎么解释都可以。"

他爱她，并和她发生关系有一个月之久。但接下来的一年，她都爱他。但她还来不及真正地认识、了解他，就已经上了他的性瘾，但他对她的热情似乎在第一个月就烧尽了，然后他开始逃避，这令靖玟极端害怕。

靖玟开始主动追求他。先是送他可爱的卡片，上面印着夕阳余晖中情侣在沙滩上跑步的画面。然后是送礼物，她绞尽脑汁地回忆他想要的每件东西，以及他在某家商店碰过的每一件东西。接着，她不停地打电话给他，帮他找了一份他想要的工作，但被他拒绝了。她甚至还向他的朋友哭诉，请他的朋友劝他娶她。最后她雇了一名侦探，并亲自和侦探跟监。

有一天，靖玟回想过去这段时间的所作所为，突然大哭了起来。她无法解释这一连串疯狂的举动到底是为了什么？她讨厌自己这么不理智的样子。直到这一刻，她才恍然大悟。“我爱他吗？或者这一切都只是一场迷恋罢了？”她自问。她很清楚这不是爱，因为她根本想不出爱他什么。这只是一场符合她渴望、幻想中的爱情故事。

爱情显微镜

聪明的女人面对爱情时，眼光会超越一时的激情。当她观察到好像她比较关心对方，而对方较不关心她时，她不会把这件事说破，因为她知道这种事通过沟通，也无法对现状有所帮助，反而只会把对方推开。如果对方是一个让她有强烈感觉的男人，她也希望对方喜欢她，她就知道接下来的问题得靠自己一一解决。

8 忽视男人中的蒙尘钻石

投资爱情时，要选择默默耕耘、细水长流的潜力股男人，不要盲目追求有如璀璨烟花的高价股男人。

在旧时的封闭社会里，人们在选择对象时，极重视门第，讲求门当户对的婚配；现在的社会观念开放，不再一定要门当户对，但人们的价值观也随环境而改变。男人想娶一个千金女，可以减少30年的奋斗；女人想嫁给有钱男人，可以确保婚后生活无虑，每天过着逛街、血拼、喝下午茶的贵妇生活。似乎，经济条件成了选择伴侣的唯一标准，至于对方是否有正当职业、是否勤奋努力、是否对未来有清楚的想法与规划，都变得不再那么重要了。

如果爱情是一门“长期”投资学，我们的眼光最好不要停留在每天股价狂飙的高价股，因为它就像燃烧得最美丽的烟火，却很快就会消失在天际；我们要在茫茫股海中，仔细寻找那个默默耕耘、具有长期成长能量的潜力股，它会让我们的感情或婚姻有如吃甘蔗一般，一辈子幸福、美满。

爱/情/故/事

当怡涵遇见文杰时，她相当肯定自己发现了一颗未经雕琢的钻石。

文杰是一个努力又踏实的男人。因为家里的经济条件不好，文杰靠自己的能力，花了八年的时间，完成了大学夜校的课业。在求学的八年期间，他那长期酗酒的父亲抛弃家庭，他为了减轻母亲的负担，帮忙照顾三个弟妹，他只好白天全职工作，晚上到学校念书。

怡涵最近刚入一家杂志社，是杂志社的自由撰稿作家，而文杰正好是这家杂志社的发行部经理。怡涵认为他很聪明、很体面、很大方，对周围的人充满热情与兴趣。两人从一开始就相处得很融洽，在工作结束之后，两人也经常一起用餐、聊天，感情也越来越好。

对怡涵而言，和文杰的这段感情是她真正的单飞。过去，父母不断要她和有钱的男人或是他们认可的男人交往。父母对她的感情过度干预与关心，给了她很大的压力，让她觉得自己就快要窒息了。更令她不舒服的是，父母帮她挑选的那些男人，个个骄傲自满、举止粗俗。

虽然如此，怡涵还是很担心文杰即将和她的父母见面、一起用晚餐这件事，他们自从知道女儿有了交往的对象后，就越来越坚持要见见这位宝贝女儿生命中的神秘男人。怡涵能够预见父母认识文杰后，会对他有什么评价，甚至可能不会给文杰好脸色看。她努力保持情绪冷静，但是当她和文杰开车来到父母家门前庭院时，她的胃里面仍然不由自主地翻滚着。

当文杰进门时，她可以感受到父母以相当冷漠的态度打量文杰。当文杰回答她父亲一个不客气和学历有关的问题时，怡涵看到父亲不屑地扬了扬眉毛，那个动作令她非常生气。但文杰却态度轻松自若且幽默地表示，他花了很长的时间才完成某私立大学的学业，连医学院的学生都比他早毕业。

但是怡涵的父亲显然不在乎文杰说些什么，他继续对文杰说明，怡涵大部分的朋友都是排名很前面的国立大学毕业的。接着，他又问起文杰的家庭背景。文杰坦然地向怡涵的父母表示，他有一个酗酒又抛妻弃子的老爸，不过，他非常以自己的小弟为荣，因为他的小弟前不久自己创业了，是一名水管维修的承包商。怡涵可以强烈感受到父母对文杰严厉审判的气氛。她太了解父母的价值观，而他们也从不掩饰那种虚荣的价值观。

当父亲和文杰到餐桌就座时，母亲把怡涵拉到一旁，故意大声地在她耳边说："他那双鞋是在哪里买的?"以前，遇到这种场面时，怡涵可能会受到母亲的影响，和她一起大笑，或甚至自己主动批评来满足母亲的虚荣。但这一次，怡涵看着母亲的眼睛，平静地对她说："文杰告诉我，他大部分的衣服都是在平价服饰店买的。"讲完后，便转身走向餐厅，留下高傲自大、满脸错愕表情的母亲。

怡涵当然知道自己以前的价值观有偏差，但她决心不让父母影响她对这个男人的感觉。所以，当文杰拿错叉子戳小番茄吃时，母亲惊讶的双眼紧盯着怡涵，但怡涵挑衅地对母亲笑了笑，并故意拿错的叉子吃沙拉。怡涵知道她赢了，虽然母亲用眼神问她："你怎么会和这样的男人交往?"怡涵决定不再让父母的价值观影响她的决定。她爱文杰的一切，爱他对待她的温柔方式。她终于摆脱过去的虚伪与骄傲，卸下恋爱过程中的负担，真正享受快乐又幸福的滋味。

爱情显微镜

有位曾经服过公职的名女人，在与某富二代男性交往三个月后，便因怀孕而闪电结婚。当时，所有的媒体都大肆报道，称赞他们是郎才女貌、金童玉女，令所有未婚女性羡慕不已。

婚后，这位名女人发现，丈夫丝毫没有收敛花心的态度，也没有正常的工作。他经常登上社会新闻版面，不是被拍到与女性亲热约会，就是酒驾肇事、辱骂警察。更令她不敢置信的是，结婚还不到半年，在她挺着七八个月身孕时，他就对她暴力相加。孩子出生后没多久，这位名女人便带着孩子搬回娘家，并经常在公开场合批判丈夫的不是，还感叹自己瞎了眼，选到一档"虚有其表"的高价股。

9 同情或爱情，傻傻分不清

爱情不是一种同情，如果抱着一种同情的心态与对方在一起，反而会害了对方，也害了自己，更可能让自己陷入一场无法逃脱的危险假爱陷阱中。

一个女人如果太善解人意、太慈悲，到最后可能只会落得被对方无止境地剥削。同情男人、了解男人的心思，这似乎是女人与生俱来的本能，但女人往往也因此弃守自己应该坚守的原则，蒙蔽自己的判断力。

男人不善于表达自己的感情，许多感情上的问题总是一再重演。女人看到男人愁眉不展或沉默不语时，便习惯扮演男人的解语花，为他们的情绪做诠释。因为同情，她们帮男人的行为找了许多借口。女人了解，男人害怕承诺和亲密牵绊着自己；女人了解，男人需要宣泄紧张，需要放松压迫感及生活压力；女人了解，男人这个不能做、那个不能做。男人的一挑眉一皱鼻，女人全都了解！

善解人意和同情是缓和男人痛苦的神奇良药，男人会因此而喜欢或习惯找这样的女人倾诉心事；但这样的女人却会因为移情作用，而把对男人的同情视为爱情，把男人倾诉心事的行为视为是男人的爱与信任的表现，只是女人可能因此陷入一场无法逃脱的危险假爱陷阱中。

因为同情男人，女人努力扮演男人的解语花、斡旋者、安抚者的角色，但这样的角色也让她们掩饰自己的情绪，努力调整自己配合、将就对方，她们都忘了评估对方的问题底线在哪里，而自己是否有能力把这样的角色扮演好，结果最后经常落得浑身是伤，还招致对方不谅解的下场。

善解人意、同情的使用，需要有限度——我们自己的限度，不是对方的限度。我们应该了解、体谅对方到什么限度？如果我们了解、体谅得太少，对方会觉得我们不爱他、不接受他；如果我们了解、体谅得太多，对方可能会趁势利用欺负我们。

女人在爱情里，常常败在自以为是优点的缺点上。同情心、善解人意、母性的确是美德、是优点，但当我们毫无界限、泛滥地使用时，最后毁掉爱情的凶手不是男人，而是我们自己那些自以为骄傲的优点。

爱/情/故/事

采妮在高中毕业后，便只身到台北工作。她的工作能力强，异性缘更佳。在男人的眼中，她是个个性观念很开放的女人，再加上她直率、容易相处的个性，使得很多男人都会找她倾诉心事。

采妮的知己淑莉便常常警告她，不要对男人的心事投入过多的同情。淑莉知道采妮是矛盾的个体，外表开放，但内心却是个不折不扣的传统女人，有着非常强烈的母性，很容易在听了男人的痛苦心事后，因为同情而燃起强烈的母性，除了安抚之外，还会极尽所能地帮助对方解决问题。

采妮的举动常常让对她倾诉心声的男人误会，以为她是因为爱而如此照顾他，但采妮则是因为同情产生移情作用，慢慢地便和男人发展出性关系。在这种两人都以为是“爱情”的关系中，她的母性更是发挥到极致。

采妮过去几段恋情都在重演着同样的故事，只是每段恋情走到最后都是不欢而散。当采妮的耐心被磨尽时，她开始觉得男人很没用，生活大小事都要她照顾，所有问题都要她解决；但男人也有满腔的抱怨，指控她“变心”了，同样的事情和问题，以前她心甘情愿地为他做，现在却说他“无能”，难道她当初的温柔关怀、热心相助都是装出来的，等得到他的爱情后，就露出不耐烦的本性？

每次感情失败后，采妮便对好友感叹：“为什么我总是爱上同一类型的男人？难道这是我的宿命吗？”

淑莉回答：“正确的说法是，你不是爱上同一类型的男人，你是同情弱势的男人，因为他们可以让你满足你的母性。”

采妮还是分不清爱情与同情，她继续向前走，追求她的爱情。只是眼前的景象看起来是那么熟悉，她又在上演一段由同情变爱情的情感戏……

爱情显微镜

一个同情心泛滥、随时想对人发挥母性的女人，在警觉可能会爱上懦弱、失意或不得志的男人时，最好先停下热情，冷静看看对方是不是一个值得托付的人，并诚实地听听自己内心的声音，不要轻易地一头栽进搞不清是同情还是爱情的感情里。

负责任的男人会欣赏、感激女人的善解人意，但不会接受女人的同情；他们有足够的勇气面对自己的问题，会诚信地对待他自己和我们；他们会从错误中学习，而不是一遇到失意、不得志时，就一味地期待女人的同情、怜悯与照顾。他们了解自己！

女人在感情上要避免的错误，就是不要分不清同情与爱情。一旦掉入这个陷阱，就必须为它付出昂贵的代价，因为无止境的同情只会纵容男人的坏行为。男人也许乐于享受女人永不停止的同情，但内心里，他们并不尊敬一个纵容坏行为的人。

聪明的女人懂得善用同情、善解人意的能力，但绝对严守界线。

PART 3

在爱情困境里，做个犀利的女人

10 打破情感僵局，光有善意是不够的

走不出迷恋的女人，只能靠幻想来谈爱情，一旦迷恋期结束，也就是爱情僵局的开始，而且每次都无法打破这个僵局。

迷恋褪色后，我们期待爱情以稳定的速度前进。问题是，许多隐藏在迷恋或热恋期背后的问题，都会在稳定发展阶段一一浮现。打从恋爱一开始，一切和我们有关的事都应立即面对现实。爱情会将我们所有的喜怒哀乐、好坏都赤裸裸地呈现出来，包括每一个陈年旧伤、疤痕，与每一处感情缝隙。爱情也揭露了对方不为人知的本性。

罗曼蒂克的爱情是双方过去优缺点的混合。每对恋人都期待爱情之路能够顺畅、笔直和诚实，但不可否认地，从众多别人的经验与现实层面来看，聪明的做法是，我们应该要做好心理准备，应付一路上的曲折和惊奇。绝大部分的人都深信，解

决问题的最大力量就是善意；但事实上，光有善意是不够的，我们必须了解，在某些特定情况下，除了善意外，还要采取最实际有效的立场。

在下面的故事中，蒂蒂就是典型靠幻想谈恋爱的女人。她用那满怀希望的幻想，无止境地以帮志恒编撰借口来填满他那无法解释的感情缝隙。她觉得，强向志恒要一个确定、真实的承诺却要不到，实在太痛苦了；试着不抱任何期待反而轻松自在许多。她用幻想来安慰、控制自己。在某种程度上，蒂蒂宁愿“想象”被爱的样子，也不愿打破僵局、努力争取真正被爱的机会。蒂蒂隐藏了自己对于亲密关系的复杂感觉，迷失在她所选择的男人的阴影之下，她紧守着自己的秘密，眼中只看到错误爱慕的幻象。

蒂蒂需要的是一个诚实的爱情精算师，帮助她看清楚，如果她要的是苦乐参半、充满酷刑的感情，那么志恒绝对会是她最理想与正确的选择，因为当他们再次分手时，志恒一定会打电话苦苦哀求她回到他身边，而她又会再次陷入另一次的感情挣扎。但如果她要找的是有承诺亲密关系的爱情，那么志恒绝对不可能满足她的要求与期待，不过，蒂蒂必须先解决自我矛盾、冲突的个性，因为只有她自己才能打破自己创造出来的僵局。

爱/情/故/事

玉玲是广告公司的业务经理，深得老板的器重，而且是未来副总经理的热门人选，但她却不得不承认自己和未婚夫正威的关系出现极严重的问题，他们两人的感情看似要走到绝路。随着玉玲在事业上的表现越来越好，正威喝的酒就越来越多，脾气也变得越来越暴躁，尤其过去一年中，他的喝酒问题已经让玉玲开始产生焦虑感，她很害怕每天都看到正威喝得醉醺醺回家。

玉玲不是没有劝过正威要戒酒，正威也答应了，但他就是无法坚持到底并拒绝玉玲的建议——去找心理医生或精神科医生。玉玲思考着自己的处境，她知道自己深爱正威，而且正威不喝酒的时候，的确是非常体贴的伴侣，她觉得再也找不到比正威更温柔的男人了。但玉玲很清楚一件事，就是她无法继续过这种黑暗又不确定的生活。

第二天早上，她要正威坐下，她告诉他，她有多么爱他，以及她对两人的关系的担心。这些话正威早就听腻了，他不耐烦地起身准备离开，这时，玉玲拉着他的手说："我已经决定了，我无法再继续过这样的日子。既然我没有能力改变你，那你只能靠你自己了。如果你选择要继续这么喝下去，我会尊重你，但我不会再和你在一起。现在该轮到你做选择了。"

那次谈话后，连续好几天，正威依然天天喝得醉醺醺回家。玉玲不再劝他，也没有责备他。她离开了他，他们分手了。

几个月后，正威停止喝酒，他打电话告诉玉玲，表示她实际且坚定的决定，终于让他诚实地面对自己，以及他对玉玲所做的事。当正威问她，愿不愿意再给他一次机会时，玉玲知道他们的爱情有救了。

蒂蒂的遭遇与玉玲完全不同。她和志恒分分合合的，断断续续交往到现在已经快三年了。蒂蒂向朋友抱怨志恒和她说话很少有正面的用语，这让她的朋友都觉得很纳闷，为什么蒂蒂还会和志恒交往，还让他持续地出现在她的生活里。

已经年过四十的志恒一直保持单身，因为在过去几段恋情中，他从不给予对方任何承诺，现在和蒂蒂交往的情况也是如此。每当他和蒂蒂好像越来越亲近时，也不知道是什么原因，他就是会想办法离开，留下满脸困惑又充满无力感的蒂蒂。志恒希望他们的关系能保持原状——没有束缚，不要承诺。但蒂蒂则希望有进展。

蒂蒂默默忍受这种僵局存在于他们的感情中，不曾想过要打破它，但正因为如此，这段感情才会让她心痛又不快乐，她只是一味地配合志恒，却不知道自己要的是什么，也忽略了自己在关系中的重要性。

爱情显微镜

遇到感情僵局时，光有善意是不够的，还要把我们的感觉和我们的需要让对方知道，并采取实际有效的行动，才能打破爱情的僵局。

自我幻想的爱情是危险的，它会让我们在感情关系中变得不重要，也得不到对方的重视与珍惜，而这样的僵局永远无法打破。只有成熟的爱情，在经过宝贵经验的累积，双方建立起信任感，并在时间的历练下，才能变得更加稳固。

11 赶走心中那个“自我怀疑的魔鬼”

再美的美人也会无时无刻不审视自己的五官长相，怎么看都觉得不满意。这就是每个人心中“自我怀疑的魔鬼”在作祟。

不论身份或社会地位高低，每个人都会自我怀疑，尤其对自己的外表。再美的美人也会无时无刻不审视自己的五官长相，怎么看都觉得不满意。怀疑，就像窃贼已经跑到不见人影时才响起的警铃，就像一粒很久很久以前就深埋在内心的不安全感种子，或许我们直到今天才有感觉，或许我们依然没有感觉。这种感觉之所以会牢牢扎根在我们心里，是因为我们不愿让它离开。紧紧抓着自我怀疑的感觉，不仅自己辛苦，我们的伴侣也很辛苦。

“我长得漂亮吗?”“我的人缘好吗?”“我说话得体吗?”“我看起来完美吗?”……这种种对自己挥之不去的怀疑，正是我们看待自己的方式，自我怀疑让我们处处以挑剔的眼光来看自己的外表，并对自己的外表有着极大的不安全感。它是我们心中的沉重负担，是赶都赶不走的魔鬼。更不幸的是，这种不安全感会在人与人之间散播，因为我们相信其他人能够缓和我们的焦虑，希望有人可以提供我们答案。

当我们无法赶走内心那只“自我怀疑的魔鬼”时，就会让我们的伴侣更敏感，更清楚地看到我们最恐惧、最害怕的地方，而他也会因为疲于应付我们的不安全感、焦虑与怀疑，最后感到不耐烦。

我们生活在一个极度重视外表的世界里。对外表会有某种程度的关心是很自然的，因为人与人碰面时，打开话匣子的话题，通常都是从评论我们的外表开始。但是英瑜对自己外表的重视，显然已经到了走火入魔的程度。

下面就是典型被“自我怀疑魔鬼”所钳制的例子。英瑜是个很有魅力的女人，也遗传了母亲所有的美貌，但她却对自己的长相很不满意。的确，似乎美丽、迷人的女人最在乎的都是外表，而不是内在。也难怪整型诊所的生意会那么兴旺。

就这个例子而言，我们可以轻易看出，英瑜觉得自己是个没有魅力的女人，至于为何会有这种感觉，她自己也不知道原因。她希望正光能说些好听的话，安抚她不安的情绪，但她心底很清楚，就算她诱使或逼迫正光说出一连串的甜言蜜语，也无法改变她心中的不安全感。她觉得自己很恶劣，也搞得正光对她感到不耐烦。

其实，英瑜的问题和其外表毫无关系，而是她心中那个“自我怀疑的魔鬼”，导致她对自己失去信心。但英瑜并未看清这一点，不知道要如何改变这些“没有魅力的感觉”，所以就把“魅力”和外表联结在一起。

爱/情/故/事

英瑜非常在意自己的外表，打从有记忆以来，她就一直觉得自己长得不够漂亮，就算很多人都称赞她长得漂亮，她也会当作是大家安慰她的话。也许是因为她的母亲是一个所有人都公认的大美人，使得英瑜总爱拿自己和母亲做比较，而且一直认为自己根本无法和母亲相比，甚至怀疑自己长得很丑。

在和男友正光开车要见他父母的途中，英瑜还是忍不住再次把遮阳板拉下来照。正光瞄了她一眼，提醒她这是她第三次照镜子。

“你已经够漂亮了，别再照了。”正光的口气透露着一点点的不耐烦。

英瑜没好气地瞪了正光一眼，觉得他一点都不了解她。这是她第一次去拜见他的父母，对她而言，这是一件多么重要的事，她当然希望能够表现得十全十美。

“你来接我的时候并没有这么说。”英瑜略带不悦地说。

“我说过了，我说我很喜欢你的洋装。”

听到正光这样说，英瑜更不高兴了，他一定觉得她不够漂亮，所以才称赞她的洋装，他一定认为她没有魅力，她知道一定就是这样。

“我知道我的洋装很好看，我只是不知道你觉得我看起来怎么样。”她讨厌自己那带着绝望的声音，英瑜把遮阳板推回原位。

然后，他们之间开始了一段不知已经重复过多少次的熟悉对话：

“英瑜，我觉得你看起来很漂亮、很棒，这点你应该早就知道。”

“可是你只有在我要你说的时候才会说。”

“我说的都是真心话，不是因为你或任何人的要求。”

“反正你懂我的意思。”

“我真的不懂你的意思。每当我称赞你很漂亮时，你就认为我不真诚又不真心，只是在讨好你；而当我觉得你了解我的想法，所以没有称赞你时，你就会觉得我忽略了你。”

英瑜生气地咬了咬嘴唇，把身体转向车窗，看着窗外。这些对话令她承受不了，反正不论正光说好听的话或不好听的话，最后她都会觉得自己很糟糕。

“我看到你看其他女人的样子。”英瑜开始闹脾气，语气带着指控地说。

“每个人都会看别人，你不也是常常打量男人？但我也不会因为你看别的男人，就认为自己很差，觉得自己应该去整个型或练个八块肌啊！”

“男人有八块肌很性感，但女人没有乳沟就不性感。”

突然，车子发出尖锐的刹车声，正光把车子停在马路边。

“如果你认为我感兴趣的是大胸脯和脸蛋美丽的女人，你应该会很恨自己吧！”

“的确，如果我有大胸脯和美丽的脸蛋，我就不会很恨自己，不会觉得自己很糟糕。”

“英瑜，在我的眼里，你已经很完美了。”

“对，你觉得我很完美，但你并不真的认为我很漂亮，对不对?”

被激怒又极度不耐烦的正光把车子开回路上，英瑜的心情还是一样掉到谷底。

爱情显微镜

改变外表并不一定会改变感觉，而感觉也与外表无关。我们在自己在乎的人心中的价值，那才是真正的美，外表容颜终究会随年华而衰败。

赶走心中那个“自我怀疑的魔鬼”，才是获得美感的最佳解药。隆鼻、丰胸、丰臀、抽脂等让外表变美的手术，只会让我们心中的魔鬼变得更壮大，驱使我们更追求外在的美丽，它并不会增加我们真正的价值。

12 不要挖洞给自己跳

女人谈起恋爱时，常常就像贾宝玉丢了金锁片时失了魂一样，不管智商高低，都会不自觉地就往同样的爱情陷阱里跳。

看看下列排名前四名的爱情陷阱，会不会觉得自己曾陷入其中？会不会觉得再笨的女人都应该知道，不可以掉入这些陷阱中，却偏偏又忍不住往陷阱里跳？坦白说，令人觉得感叹的是，当我们谈起恋爱时，就像贾宝玉丢了金锁片时失了魂那样，不管我们的智商高低，都会不自觉地就往这些一眼就可看出是陷阱的洞里跳。

爱情陷阱第一名：对爱情抱持过高且不切实际的期望

偏偏爱情这口无底井，永远都装满不切实际的期望。我们之所以会对爱情抱着过高的期望，都是因为我们相信另一半如果爱我们，就应该要满足我们所有的需要。

也许，我们想问，有几个女人能够知道哪些是实际的期望或希望，哪些又不是呢？别忘了，真正的爱情是实际地接受另一半，而不是接受我们所期望的那个另一半，不是吗？如果我们不觉得自己的伴侣很优秀，我们就不会和他发展感情与亲密关系。只是女人常常会变得很贪心，在拥有另一半的所有优点后，还进一步要求他满足我们心中的期望。

真正懂爱的女人从不会忘记她们爱上伴侣的初衷，会时时记住伴侣的优点，包容他的缺点，努力维持对彼此的承诺。而对爱情抱持过度及不实际的期望，那不是爱，只是女人想填满内心永远无法实现的缺憾，时日久了，终会成为感情的杀手。

爱情陷阱第二名：隐藏亲密恐惧

女人若无法诚实面对亲密恐惧的问题，就无法和男人发展出亲近和满足感。因为恐惧亲密，女人为自己打造寂寞的牢房，把男人的心推得远远的，令自己陷入进退两难的局面，变得更加孤独。

隐藏亲密恐惧是有征兆可寻的，仔细想想，我们是否也有这些征兆：

* 是否容易迷恋上捉摸不定的男人？

* 是否容易迷恋上能创造一连串戏剧性事件的男人？

* 是否容易迷恋上也在隐藏自己不安全感的男人？

*是否很难相信别人？

*在男人身边时，会觉得很容易受伤害吗？

*会对男人透露自己内心的想法和感觉吗？

*会把友谊和爱情结合在一起吗？

*和依赖性很重的男人相处，觉得自在吗？

*会让对方倾诉其不安全感，而不认为他懦弱或不长进吗？

女人尤其会被前三种类型的男人吸引，那是因为她们本身也有同样的问题，这是一种物以类聚的效应。瞄准这几类男人就能减少这些女人的不安全感，尤其当男人的问题越严重时，她们越有安全感。如果我们有中间的那三种征兆，那么我们心中的障碍，会变成我们和男人发展亲密关系的绊脚石。若是属于后面三种征兆，而且答案都是“否”，就属于是会自动与爱情保持距离的女人。

爱情陷阱第三名：对男人过度付出

掉入这种陷阱的女人，通常是因为看不到自己的价值，于是利用无止境付出这种慷慨的伪装，用以掩饰自认在感情里没有价值的感觉。我们都知道是什么让自己在一段感情中显得有价值。女人一旦在感情中对自己没有好感，就容易陷入过度付出、供应，并对自己的需要视而不见，以致让整个关系失衡。

不确定自己价值的女人，为了遮掩自我感觉不佳的事实，经常想对男人做过多的付出，甚至不求回报。这是一种自毁前程的模式。这样的女人不会要求平衡来测试自己的价值，反而允许男人把她视为理所当然，而这只会加深她对自己不好的感觉。

爱情陷阱第四名：不愿放下过去的伤害

走不出这个陷阱的女人，会容忍过去的伤害，不相信现在正在发展的感情。更折磨人的是，女人却因此对目前所爱的男人有了负面的感觉。她把过去的伤害、愤怒、不信任带进新的关系里，将两人牢牢套进纠缠、矛盾中，她不愿意放下过去，也不愿意离开目前的伴侣。

聪明的女人会找出自己伤痛、愤怒的来源，确定不把这股怒气带至下一段关系里，有勇气清楚地表达适当的怒气，表达原谅的气度。

爱情显微镜

女人掉入这四种陷阱时，总是希望伴侣能够扮演超人的角色，把自己从这些陷阱中解救出来。但这又是另一个对爱情过度且不切实际的期待，因为再厉害的男人都没有这个能力解救我们。

仔细想想，这些问题不都是女人给自己设的陷阱吗？如果我们能够对自己多一些坦诚、多一些重视、多一些尊重，这些陷阱自然就会消失。聪明的女人把这些问题留给自己，试着不把这些问题强加于男女感情上，因为这些问题所反映出来的，都是她对自己的担忧与焦虑。

13 要能嗅出男人背叛的味道

通常，女人并不是最后一个“知道”伴侣背叛的人，但她们却是最后一个“看到”的人。

当感情一路上遭遇重重障碍，还发现男人为自己的去处提出复杂的理由或借口时，是否想过两人的感情已经出了问题，而且极有可能是男人在使诈。感情过程中，我们一定要保持灵敏的嗅觉，不要让男人有机会使诈。

有句话说，“女人总是最后一个知道自己伴侣背叛的人”。这句话并不正确，应该是“女人并不是最后一个‘知道’伴侣背叛的人，但却是最后一个‘看到’的人”这样的结果，不是女人对男人过于忽略，就是女人的嗅觉神经太不敏感，才会无法嗅出男人背叛的味道。

男人背叛感情时，会出现种种征兆。当他们经常莫名其妙且毫无根据地抱怨时，女人就必须提高警觉，这极有可能是背叛的前兆。如果类似的抱怨只是偶然出现，那可以把它视为是一时的情绪，不必把它放在心上。但如果男人是无情地抱怨，那么两人的战争迟早会被引爆，我们迟早要面对揭开真相时的难堪。

看待男人这些抱怨、借口时，不要过度在意细节，否则就掉入了他早就设下的陷阱中。我们可以多注意男人的言辞变化，从中找出他抱怨的原因。留意伴侣的不寻常征兆，是确定伴侣是否背叛的进一步方法，例如，反常的行为、不寻常的抱怨、会无故地送花或礼物、没来由地特别体贴，尤其伴侣的习惯突然改变时。所有的这些征兆都是在说，他心里有秘密不敢告诉我们，他正悄悄进行某件严重伤害我们感情的事。

“我们必须坐下来谈一谈”，这几乎是男人给女人的最后警讯，更可能是最后通牒。男人在感情中，一直扮演被动、被告知的角色，当他对女人说“我们必须坐下来谈一谈”，女人就必须绷紧神经了。男人不善于沟通，所以当他恳求女人沟通时，他的态度会是严肃且认真的，这时的他通常已经下定决心，甚至不惜孤注一掷。

感情若没有裂缝，我们的男人怎么会向外发展，外面的女人又怎么会有机会见缝插针。只是绝大多数的女人遭到伴侣背叛时，只会一味地指责对方的不是，用尽一切哀求、哭闹甚至威胁的手段，想挽回感情，却不愿面对两人的感情早已出现裂缝的事实，也不愿冷静地找出原因。但对聪明的女人而言，当男人露出任何背叛的征兆时，她会睁大眼睛仔细观察，适时地引导他把积压在内心的不满情绪表达出来，进行诚恳且深度的沟通，及时挽回他的心。她不会让伴侣有机会展开行动，对她说：“我们必须坐下来谈一谈。”

爱/情/故/事

雨菲的未婚夫明卫总是嫌她不够性感，而且还把两人的性生活不美满全归罪于她。他经常抱怨，要是她能够主动一些，多学一些闺房情趣，他们做爱的频率也许就会高一些。说真的，他们的性生活几乎已经快要降到零了。

雨菲也觉得没有性生活很不对劲，因而全盘接受明卫的指责，把所有的过错都揽到自己身上。但她不懂的是，打从他们认识开始，明卫就知道她是个规矩又务实的女孩，这也是当初他追求她的原因。明卫以前就一直觉得，她对性生活不主动、不懂闺房情趣与技巧，是因为她没有什么性经验，可见她是个生性害羞、保守，不会随便和男人上床的女人。她虽然对性生活不是极感兴趣，但也不讨厌，而且也不曾拒绝过明卫，为什么以前在他眼里都是优点，现在却都变成了缺点。

终于，雨菲向婚姻咨询专家求救，专家要求雨菲带明卫一起来。一如以往地，明卫依旧向专家指控雨菲的不是，说他们之所以没有性生活，完全是因为雨菲的不懂情趣，像个木头人一样。经过几个月的咨询后，雨菲努力改变自己，学会以更正面的态度看待性，以更性感的态度对待明卫，在家时也变得更加妩媚动人。但现在却是明卫变得对她毫无性趣可言，他们之间依旧没有性生活。更令她不解的是，他变本加厉地批评她不懂打扮、没有时尚品位。

雨菲仔细回想明卫态度的转变——嫌她对性生活不够主动，不懂闺房情趣与技巧，不懂打扮、没有时尚品位。他们才订婚不到半年，怎么他的改变会这么大？又或者，这与订婚无关，而是他背叛了她，有了外遇？

雨菲决定要查清楚，她开始趁明卫不在时，偷看他的电子邮件、短信……，终于印证了她心中的怀疑，明卫有了外遇，而且不只一个，那些女人个个尺度开放，和明卫大谈性爱技巧、角色扮演之类的事情，而明卫的回应似乎也显示他在那些女人身上开了眼界，乐在其中。她们甚至还寄了许多穿着清凉、姿态妩媚诱人的性感照片给明卫。雨菲这时才恍然大悟，原来明卫经常半夜借口处理公事，其实就是在和那些女人互通情意。

爱情显微镜

虽然感情应该建立在互信的基础上，但是当关系中开始出现种种不寻常的现象，导致我们心中的不安全感越来越高升时，两人的信赖基础就已经遭到侵蚀了。此时，我们若不以最快的速度厘清心中的疑惑，弥补既存的感情裂缝，就只会让问题变得更复杂，感情日渐僵持与对立。最后，就只能眼睁睁地看着男人头也不回地离去。

14 虚张声势的男人，下地狱去吧

当男人对女人的感情越依赖时，就越会对女人虚张声势。因为他们害怕承认这种依赖感，所以会想尽办法掩饰，而掩饰的方法就是虚张声势。

大部分的女人都认为，男人是天，是自己一辈子的依靠，男人天性就注定扮演被依赖的角色，她们从不认为男人会依赖她们，尤其是感情上的依赖。正因如此，她们长期轻忽了伴侣和她们之间的关系。女人所犯的这种错误，正好让男人可以借机对女人虚张声势，以掩饰其内心对女人的依赖感。

根据实际经验显示，男人在感情上越依赖女人，就越有可能对女人虚张声势。因为男人害怕承认自己对女人的感情依赖，通常会为自己对女人强烈的依赖感到很不自在，所以会想尽办法掩饰，而掩饰的方法就是虚张声势。这种态度就像装腔作势的孩子，为了掩饰心虚，故意装出强大的气势来吓唬他人。

男人虚张声势时，会对女人说："我不需要你，我不需要你的意见，不需要你的认可，更不需要得到你的允许。但你需要我的认可和允许。"男人越是装腔作势、咆哮的声音越大，越有可能是在虚张声势。当他的气势越大、对我们的威胁越为唐突而无礼时，就表示他越想隐藏他对我们的需要。

女人不该因为"爱"或"害怕失去"而任男人予取予求，应该要为自己画出防护界线，并勇敢地坚守阵地，而不是对男人阳奉阴违。就下面的例子而言，如果蓓蓓能够坚持以直来直往的方式，坚持诚实和友善的态度对待仲磊，仲磊又怎么有能力偷走她生活中的阳光呢？

爱/情/故/事

蓓蓓结婚不到一年，就发现自己犯了错，她在自己身上罩了一层厚厚的阴影，而且这层阴影早在他们交往初期就已经存在，只是她一直视而不见，如今已成事实。她深爱她的丈夫仲磊，但却无法感受到仲磊的诚恳态度。在他们交往最热烈的那段期间，蓓蓓好友美娜便曾严厉批评过仲磊对待蓓蓓的态度。

有天晚上，蓓蓓为了坚定自己的立场，她把美娜所说的话告诉仲磊，没想到仲磊不去了解美娜保护女人感情的本能，反而把她的话当作是个人攻击。他告诉蓓蓓，如果美娜不支持他们两人的感情，那她就不是真正的朋友。听到仲磊对美娜如此严厉的抱怨，蓓蓓从此不再邀美娜来家里玩，偶尔和美娜相约一起用午餐，也不告诉仲磊。

然后是蓓蓓的家人。在仲磊眼中，蓓蓓的父母很少主动打电话给蓓蓓，显然他们不是大方的父母。这个结论让仲磊敢放肆地干涉蓓蓓与家人的关系，使得蓓蓓就连打电话或送个小礼物给家人，都觉得有罪恶感。蓓蓓并没有为自己的立场辩护，而是退一步，利用上班时发电子邮件给父母，尽管蓓蓓的收入比仲磊高很多，但为了不惹仲磊生气，她不敢使用支票，而是悄悄用现金，把要供给小妹上大学的钱藏起来。

经过这一连串的事件后，蓓蓓仔细思考仲磊种种不合理的立场，她再次决定要做自己认为对的事：她想和父母说话时，就打电话给他们。当仲磊看到长途电话费的账单时，震惊地对蓓蓓咆哮了一番，并表示她的父母并没有相对花那么多钱打电话给她，他甚至威胁蓓蓓，如果她不答应停止打电话给她的父母，他不知道自己会做出什么事。

忍无可忍的蓓蓓站了起来，双眼直视仲磊说："我无法接受你这种态度，绝对无法接受。仲磊，我爱你。但我要告诉你，只要我想，只要我认为合理，我就是会打电话给我的父母。我从不曾干涉过你和你家人联络，我不会忍容你控制我和我家人谈话的机会，我就是要这么做，若你想采取你认为必要的行动，那你就去做吧！"

听完蓓蓓这番话后，仲磊只是小声地抱怨，没有再像以前那样大声吼叫。此后，对于蓓蓓打电话给她父母的事，仲磊再也没有说半句话。

直到这一刻，蓓蓓才发现，原来仲磊不是小气鬼，也不是喜欢控制妻子与家人、朋友关系的人，他这种种令她感到厌恶的行为，其实都只是在掩饰他对她在感情上的强烈依赖的结果。但是蓓蓓也不得不承认，她是仲磊养成虚张声势行为的共犯，因为她不坚持自己的正确立场，却默默允许仲磊不合理的行为一再重演。

爱情显微镜

很多男人对伴侣有强烈的感情依赖，但碍于颜面而不敢承认，于是故意以控制伴侣、威胁伴侣的手段，刻意制造他不在乎伴侣的形象，用以掩饰自己内心强烈的感情。我们绝对不要被虚张声势的诡计骗了。

应付男人虚张声势的最佳方法，就是坚持做我们觉得合理且正确的事，而且不需要另一半的认同。千万不要因为另一半的装腔作势，就对他阳奉阴违，表面做一套，背后做一套，那只会让另一半的诡计得逞，而我们也成了他虚张声势的共犯。切记，感情不成熟的人是他，我们不该随着不健康的感情起舞，而是要坚持自己认为是正确的立场。

无法成熟处理自己的感情问题，反而把内心的焦虑转移到女人身上的男人，就让他下地狱吧！

15 男人喊“停战”时，女人不可卸下心防

当男人喊停战说：“我们暂时先不要谈这个问题。”这只是暂停、暂时休息，并不是最后的决定，千万不要以为我们已经稳操胜算了。

当男人以充满歉意的语气和我们说话时，那常常不是真心话，那是他采取的拖延战术，企图让我们暂时放下所有防心，趁机探查我们的虚实，然后试着重新部署。这种情况所代表的含意是他累了，而我们已经快赢了。

在男人的战争中，当男人的强硬态度开始要竖起白旗投降时，事先都会露出某些前兆。当这些前兆开始出现时，我们得特别提高警觉，因为这些前兆正暗示着，男人可能会提早撤退和放弃。关键在于，我们要比他早知道他快屈服了，而且是比他早很多。

通常男人即将投降的第一个前兆是，他的道歉内容虽然贫

乏但很清楚，我们可以听出语调中的玄机，观察到他不自在的肢体语言，尤其当我们注视着他的双眼时，他便会迅速且狡猾地转开眼神。其实我们心里很清楚，他根本不觉得真的对不起我们，他只是在向我们喊“停战”，绝对不要被这种以假乱真的策略吸引，而掉入他的陷阱中。

第二个前兆是，他没有好好运用对他有利的状况。男人在节节败退、苦无对策的情况下，很容易改变原本坚定的心意，但这其实是战术上的一大错误，因为他以为我们不会察觉，但我们却看得一清二楚。

男人感到疲惫，想喊“停战”的第三个前兆是，没有心情或无法面对我们所提出的重要问题。男人脾气暴躁或发脾气时，体力就快耗尽了，这时他也顾不了原本自满的心态。当我们无意中听见他抱怨后悔答应朋友某件事时，他已经对自己完全失去信心。我们可以非常确定，他的实力正在快速减弱中，他除了感到疲惫不堪外，也准备好要放弃自己的立场了。

别以为这时已经稳操胜算，千万不要因为男人要求停战，就松懈下来，自认为已经解决了恼人的问题。当两人发生争执时，停战的意思往往是：“我们暂时先不要谈这个问题。”这只是暂停、暂时休息，并不是最后的决定。大部分的男人在快要与女人达成协议时，他们是不会要求停战的，只有当他们试着想多争取一点时间来支持其理论，或希望时间一久女人就会忘了这件事，让他们可以不必做出最后的决定，他们才会要求停战。

如果已经答应男人的停战要求，我们最好明白，这并不表示男人会改变自己的立场。他只是在帮自己挖个散兵坑，让自己可以坐在里面休息一下，思考下一步该怎么走。如果这场战争对女人真的很重要，就不要让他有喊“停战”的机会，而是要反过来对他说：“我知道要你讨论这个问题很难，但我们还是得继续讨论，直到谈出结果或共识为止。”

爱/情/故/事

玠函和超群交往已经一年多了，不过她知道自己在超群知心好友佳欣眼中的分量，这点令她觉得相当不是滋味。她知道佳欣对超群有无比的影响力，这一年多来，她也努力讨好、取悦佳欣，但就是得不到佳欣的善意回应，佳欣还经常对她露出高高在上的眼神，一副“我有能力影响你和超群的感情”的模样。

玠函一直觉得他们三人这样的关系很奇怪，更觉得佳欣的态度已经超过好友应有的态度，更正确的说法是，佳欣一直存在于她与超群的感情之间。有时候，她可以清楚地嗅到佳欣投射过来的醋意。而超群呢？他对这些情况都看在眼里，却选择视而不见，继续维持着与两个女人的不同关系。

玠函决定直捣问题的核心。她要超群谈谈他和佳欣的关系，并探询超群的前女友们对佳欣的感觉。从超群的叙述中，可以明显听出，佳欣总是设法找出超群每个前任女友的毛病，最后那些女友们都和超群分手了。

“看来你和她之间的关系，应该不只是单纯的知己好友吧！”玠函毫不掩饰地质问。

“很抱歉让你有这样的感觉，其实你大可不必和她计较，你才是我的女友，我爱的人是你，你别胡思乱想了。”

就像所有恋爱中的女友一样，玠函听到男友亲口说出自己是正牌女友时，她心中所有的心防全都撤下来了。虽然他看起来心口不一，分明就是采取拖延战术，不愿正面回答她的问题，但她也没有坚持继续追问。

接下来的日子，佳欣对玠函的态度变得更恶劣，从佳欣的表情看来，好像她和超群达成了某种共识，两人之间有一种极佳的默契，这种默契是玠函和超群之间所没有的。

“我不知道你和佳欣的交情到底有多深，但她的言行举止已经超越‘好朋友’应有的界限了，我必须清楚知道你们两人的关系，否则我真的不知道该如何和你继续走下去！”这几乎是玠函给超群的最后通牒了。

“我们可不可以暂时不要讨论这个问题？”超群假装忙碌，不敢正视玠函的眼睛。

“我必须知道！”玠函看着超群，语气坚定地说。

超群转身看着玠函，然后不发一语地把她抱到床上，对她发动一场极温柔又激烈的性爱活动，玠函对这突如其来的转变有些措手不及，她的确很享受和超群的性爱关系，但是在这个严肃宣战的时刻，显然超群想利用这种方式分散她的注意力，同时掩饰他的心虚。

完事后，超群躺在床上，声音疲累地说："我想睡一下，等一下就不送你回去了！"

玠函知道超群是在逃避问题，她冷静片刻后，摇了摇超群："我会一直等到你回答我的问题后，我才会离开！"

超群叹了口气，坐了起来，"好吧，我投降了！"他看着玠函说，"老实说，我一直知道佳欣爱我，或许是爱得太多，或是占有欲太强，她和我的每一任女友似乎都处不好，我不知道她是不是对我的女友们做了些什么，总之，最后她们都离我而去，而佳欣总是那个安慰我、给我温暖的好朋友。不过，这次不知为什么，她和你特别处不来。"

"你爱她吗？"玠函直问道。

"我不确定我对她的感觉是不是爱，但我很确定我很爱你！"超群说。

"那现在你打算怎么办？我和她显然无法共存！"

"我以后不会让她出现在我们两人面前，或你的面前。"

玠函摇了摇头，"不够！她也不可以出现在你的面前，或者与你有联络，除非有一天我们的感情无法再继续走下去。"

超群默默地点了点头。

爱情显微镜

女人送给男人最好的礼物，就是正确了解他。就像清楚且明确地看见他的恐惧和缺点一样，我们也要以同样的态度去思考和注意他所表达的希望，我们认为对他有利的事情就该坚持到底，就像那是自己的事情一样。

正确了解一个男人，才是爱他的最好态度，也是我们能正确观察其肢体语言，解读其话语的有效工具，它让我们和情人之间不会产生误解，也令我们可以快速发现情人是否有异样。

PART 4

勇敢保卫爱情领地

16 小心！别踩过线了

每天，我们都应该从行囊里丢掉一个自私的要求、嫉妒的念头，或不切实际的期望。这样，当我们的行囊空了的时候，爱情自然就会把它填满。

每个人在一踏上爱情舞台时，都可以舒适自在地行动，表达真正、愿意付出的自我，并希望能获得重视与安全感。只是在过了一段时间后，我们开始忘了付出的快乐，开始担心自己能够得到些什么。为何我们的爱情舞台这么快就变调了？答案很简单：我们对爱情的期望过高、奢求过度。

每个人都有其最不可被碰触的痛处或弱点，在与伴侣相处时，有些话不能说，有些事不能做，一旦说穿了或碰痛了，即使只是一个字或一个动作，都会造成永久的伤害。说一个字或做一个动作很容易，但它却会让爱情走到“无路可去又无法回头”的处境。

我们都不善于处理伤害，因为伤害会令我们失去理性。当两个相爱的人偏偏碰触彼此最不可被碰触的痛处时，不论是任何一方，都只会看到自己的痛苦，完全忽略了另一半的立场。一旦碰触了，不论我们如何解释或补救，都无法改变已经造成的伤害，也无法让事情重新来过。

也许，爱情中的大部伤害并非对方刻意造成的，而是他在面对自己的问题时所产生的人性挣扎，无意中伤害到了另一半。但是永久的伤害让爱情就在这个光彩的舞台上落幕了。爱情领域里，有些话不能说，有些感觉不能表达，有些事不能做。要当心，一旦跨越了这些禁忌的界线时，爱情就没有退路了。

爱/情/故/事

艾晴和登瑞结婚刚满一年，他们的感情就走到了“无路可走又无法回头”的处境 。这是艾晴的第一次婚姻，登瑞则是第二次。在与前妻离婚后，两个幼子跟着前妻春莉一起生活。对登瑞来说，过去的那段婚姻并不快乐，他历经一番努力才得以离婚，而他非常努力，希望能让两个孩子过来和他们一起生活的愿望，也都显得困难重重。

艾晴爱登瑞，也很努力表现，希望孩子们会喜欢她。当登瑞的前妻春莉带着两个孩子搬到较远的郊区居住，让他更难见到孩子时，艾晴也会尽量体谅和支持他，即使登瑞所支付的孩子生活、教育费用，已经耗尽了他们的存款，而孩子还要求登瑞买鞋子和衣服给他们时，艾晴还是忍了下来。假日是两人难得的独处时间，但她还是陪着登瑞一起把孩子带来度周末。

艾晴看得出来，登瑞为了离婚这件事对前妻深感内疚，尤其当他听到儿子说，春莉很伤心，常会哭着说她不了解为什么登瑞要离开他们时，都令他的内疚到了无以复加的程度。艾晴想讨好两个孩子，但他们显然并不领情，她知道这一点也让登瑞很难过。

好不容易有一个较长的假期即将来临，艾晴相当期待这个她和登瑞可以单独相处的长假。但就在他们准备出发度假的前一个晚上，电话来了。春莉病了，身体虚弱到无法下床。春莉很歉疚地说，她知道他们这个假期已经计划了很久，但她还是希望登瑞能像过去每个周末一样来接孩子。当登瑞表示无法放弃这次的度假计划时，他听到春莉对着孩子大叫："你们的爸爸不关心我们，他不愿意帮我的忙，也不想看到你们。"然后她"砰"地一声挂断电话，留下倍感挫折与受伤的登瑞。

艾晴观察到春莉是很有心机的女人，她非常懂得利用孩子来操纵登瑞，而且手段都对他们两人的关系有极大的破坏力，艾晴激动地坐在一旁不语，等着看登瑞要如何处理这个状况。当登瑞说出"我想我必须去接孩子"时，艾晴立刻激烈地反对。艾晴希望的是被爱的感觉，希望自己能得到和他的孩子一样的重视程度，也希望登瑞能够拿出更强硬的态度和春莉交涉，她觉得春莉似乎已经闯入他们的生活，搅得他们平静的生活波动连连。觉得深深受伤的艾晴，不假思索脱口大喊："我再也受不了了，我不要你的孩子和我们一起生活。我想，或许你应该回去，试着和春莉重修旧好，回去过真正属于一家人的生活。”

此话一出，艾晴立刻知道自己说了不该说的话，但后悔也来不及了。尽管她心中有不满，但她爱登瑞，真心想和他一起过生活，她的心并不像她嘴里所说的那么强硬，但是她已经逼得登瑞无法回头了。

爱情显微镜

对于想象得到却做不到的事情，我们会要求爱情去完成；我们一心要求、享受男人对我们的付出，却忽略了自己的付出；我们把精神放在无法控制的行为上，却不去注意我们能控制的行为。渐渐地，爱情在我们长期的耗损下，变得日渐枯竭。直到这时，我们才体会到，爱情之所以令人兴奋，是因为我们愿意和乐意付出，而不是别人为我们付出。

如果我们的爱情行囊里装满了期望、需求、嫉妒和失望，就没有多余的空间装下其他的东西。我们应该每天丢掉一个自私的要求、不切实际的期望或嫉妒，当我们的行囊空了的时候，爱情自然就会把它填满。

17 别掉入“诚实”的爱情沼泽

当男人问我们一些逾越爱情领域的问题时，要小心应对，不要让他把我们骗到领域外面的沼泽里，我们会被沼泽吞没的。

不论恋情发展的时间长短，在每段恋情中，是不是几乎都会听到这样的问题：

“那么，你最最狂野的一次性经验是什么？”

“少来了，你不可能没做过，说来听听。”

“你真的不喜欢我妈，对不对？”

“我听女人说‘大小’并不重要，但我想知道你的想法。”

“你从来都没有和我说过你以前的性经验，我真的很想知道。”

男人当然想知道，重点在于我们要如何聪明地回答这些敏感的问题。爱情的领域里，有些问题是不该也不可逾越的。当男人问我们一些逾越爱情领域的问题时，不要让他有机会得逞，因为在这个领域外面等着我们的，是一片会把我们吞没的沼泽。尤其当我们和男人相处时，有些事情说得清清楚楚，有些问题答得明明白白，反而只有坏处没有好处。

虽然女人的心思较男人细腻，面对事情与问题时，也比男人诚实，但女人往往因为没有注意到这样的差异，而误踩爱情领域的地雷。男人也许会假装宽宏大量，坦然接受甚至欣赏我们的诚实态度，引诱我们透露更多、更详细的细节，然后转而利用它来对付我们。

大部分的女人都会希望知道事实，以及对方对自己的感觉，且不会畏惧男人的过去，并相信和信任现在的一切。但是当男人要求女人告诉他事实时，其实他并不是真的想了解事实的过程，他真正要的是他心中想要确定的真相。

当男人把他的需要隐藏在问题里，我们也要能听出他最无法诚实谈论的问题。对男人而言，两个最经不起探究的方向就是家庭和性，他母亲还是他母亲，任何人都不可以批评她，永远只有他才能说自己母亲的坏话。另外，男人也会经常盘问我们的性经验，但他们实际上并不想知道事实，尤其更不想了解相关数字或细节，因此，类似“那么，他的有多大”的问题，只有在那个人真的比现在的恋人尺寸小时，我们才能据实回答，就算我们心中的真实答案是“比你的大两倍”，也不能诚实回答，因为这样的答案可是一点好处都没有。还有当男人询问我们对他的感觉时，也不要回答“你是感情最丰富、付出最多的爱人”，也许我们认为这就是我们真诚的肺腑之言，但男人既不会感谢我们，也不会把它当真，他只会觉得我们是在安抚他罢了。

何时该诚实、坦率，必须视情况而定。并不是所有的事情都诚实以对，就能得到美好的结果。常常事实才是最伤人的，所以要不要诚实表达，就要看事情的重要性而定。我们必须听得出来，男人问题中到底隐藏着些什么玄机或陷阱，这些被隐藏的玄机与陷阱，对他们而言，才是最重要的事情。

就算我们是个心胸宽大的女人，当我们在床上问男人对我们的感觉时，我们想听到的回答应是男人对我们的肯定，而不是一份我们与其他女人的比较表。同样的，当男人问我们一样的问题时，就算对他的表现不是很满意，也不要直言对他说“我觉得前一任男友比较厉害”！

爱/情/故/事

陈男与林女热恋将近半年，两人都是个性直率且开放的人，也都认为感情世界里要彼此诚实，不该有隐瞒。陈男偶尔会问林女比较敏感的问题，林女总是真实但很有技巧、润饰地回答。

有一次，在一个非常轻松的气氛下，陈男问了林女有关她与前男友的关系。林女毫不隐藏、也不润饰地详述她与历任前男友的感情发展、财务关系，每个前男友的特殊性癖好，以及他们如何玩性游戏。

此后没多久，林女发现陈男对她的态度开始变了，动不动就拿林女与前男友们的种种来讽刺她，或要求她配合他种种的奇怪行径。最后还抛弃了林女，另结新欢。

林女问陈男："我们说好要对彼此坦白的，诚实不对吗？"

陈男只是淡淡地回答："但是你的诚实破坏了我对你的所有美好感觉，我无法忍受再和你相处。"

爱情显微镜

"女人直问直答，男人话中有话。"这是爱情关系中普遍存在的现象。我们可以说是因为女人较男人诚实、坦率；我们也可以说是男人不想破坏感情、不愿伤害对方，所以问话婉转。

男人不习惯赤裸裸地要答案，也许害怕要到的答案令他们无法承受，所以他们会把需要隐藏在问题里，以迂回的方式引导我们说出他想要确定的事实。

聪明的女人绝对不会掉入男人的问题陷阱里，但如果她想要放弃这段感情时，她就会诚实且坦率地回答。

18 划定我们的爱情范围

绝对不要把“划定爱情范围”的权利交到男人手上，这样很容易让男人抓到机会，严格控制我们、不尊重我们。

与男人交往时，女人要懂得为自己筑起广大的爱情领域，才能让自己在爱情关系中，感到自由与自在，否则男人可能就会趁机剥夺了我们的自由。女人必须切记一个重点，这个领域范围必须由我们来划定，当爱情领域由男人来划定时，男人经常不是基于信任的态度，而是出于自私、没有安全感。这是因为男人需要有控制的感觉，而非对感情慷慨付出。

在强烈嫉妒心的驱使下，男人经常把伴侣看作是一个需要严格控制行为的人；而女人也会乐于享受这样的控制，她们不认为这是控制，而是男人对她们的保护与照顾，直到她再也无法忍受的那一天为止。

在美穗的爱情故事中，女人常常犯下双重标准的错误与挣扎，配合男人的标准，却又想保有自己的标准。不幸的是，双重标准并不会合二为一，反而会随着时间扩大。

爱/情/故/事

以前，如果有人告诉美穗，说她的感情会走到今天这样的地步，她一定会觉得他们是在嫉妒她，所以诅咒她的爱情。她不相信这种悲剧会发生在她身上，绝对不会。但是不知道到底是怎么回事，她在现在这段感情里过得非常不快乐。餐厅里熊熊的炉火并未让她感到温暖，轻松浪漫又舒畅的音乐，再也无法像以前一样让她的精神愉悦。美食的迷人香气让她联想到过去一段不堪的耻辱，此时在她的心中，就连这股香气也都变成一股难闻的臭味。

侍者带领美穗和伟中到餐厅里的一张桌子前。伟中和往常一样，熟练地找到自己习惯的位置坐下。他开心地笑了起来，并向侍者要求看酒单，侍者帮美穗拉开椅子，她不发一语地面对着墙壁坐下来。每次他们外出用餐，美穗的座位永远都是面对着墙壁。

“你不介意坐那里吧，亲爱的?”伟中心情愉快地问美穗，还伸手摸了摸她的脸颊。“你知道，我喜欢可以看到整个餐厅的情景。”

“伟中，和你说话的人是我，不是餐厅里用餐的客人。”美穗说。

霎时，伟中脸上的笑容消失了，暴风雨似的抱怨声隆隆响起。但不一会儿工夫，他又立刻恢复愉快的心情，开始谈起办公室里发生的一些蠢事，他还是坐在他习惯的位置，美穗依然面对着墙壁。对她来说，这一切都太熟悉了。

美穗心不在焉地坐在那里，偶尔点个头虚应一下伟中。她的心思早已飘到某个很远、安全的地方，美穗觉得自己的心灵如果不和伟中保持一点距离，她无法想象有什么危险的事情会发生，因为少了这一点距离，她怕自己可能会开始尖叫，更糟糕的是，她甚至有想杀了伟中的念头。

“我在问你，你今天到哪里去了？”伟中拉高嗓音问道。

“什么？你说什么？”美穗听到自己答话的声音。

“今天下午我打了两次电话给你，你都不在，你去哪里了？”

美穗想大吼：“你去死吧！”但她却柔声地回答：“我跟你说过了，我今天要到市区开会。”

伟中是一个嫉妒心很强的男人，一开始他的强烈嫉妒心令美穗感到受宠若惊，觉得他真的很重视她、在乎她。他嫉妒的模样看起来动人又多情，就像动物习惯建立起自己的地盘一样，她就是属于他的地盘，但是随着交往的时间越久，伟中嫉妒的情况越变本加厉。

伟中的嫉妒背后是高度的不安全感与疑神疑鬼，他随时都要掌握美穗的行踪，恨不得时时刻刻黏在她身边，如果没有他的陪伴，她就不可以独自参加任何派对。她与异性正常、友善的互动，也会遭到伟中没完没了的审问，逼得她最后除了伟中以外，不和任何男人互动，不对任何男人微笑或交谈。然后，连白天上班时间他也不放过，不停地打电话查勤，表面上说是爱她、关心她，其实是在掩饰内心对她的怀疑。

最后，美穗的爱情领域就走到了现在这个样子——除非她面对墙壁，否则他们不能外出用餐。他说他喜欢观看餐厅里的一切情景，但事实上，他是在担心她可能会看什么人。美穗投降了！伟中把她的爱情领域越圈越小，小到她想呼吸一口新鲜的空气，似乎都要得到他的允许，她完全没有自由，也不能有自己的想法。但美穗不得不承认自己是伟中的共犯，因为当伟中这样对待她时，她并未表示反对。现在，她只希望能得到一点点平静，知道他下一步还会再对她做出什么样的限制。

爱情显微镜

有时候，容忍、配合对方的要求，并不能成就美事。

一个缺乏安全感又个性多疑的男人，当我们为了不想惹他生气或为自己找麻烦，而凡事配合、容忍对方时，他并不会感谢我们的体贴，我们的“委曲求全”并未消除他的怀疑，反而让他确定自己的怀疑是正确的。他会觉得，我们如此配合他、容忍他，一定是因为内心有罪恶感，我们一定是做了什么背叛他的事。

想和这样的男人相处，女人的意志力必须够坚强与坚定，清楚地划出自己的爱情领域，绝不要忍受对方疯狂和不适当的要求。

19 熟练收放、屈伸的智慧

在感情世界里做个懂得收放、屈伸的智慧女人。当她知道必须屈服才能达到目的时，她不会硬闯；当她的影响力没有受到挑战时，她也不会夸耀。

如果女人让自己的感情陷入左右为难的状态，抱持着逃避的态度，而不努力面对与解决时，她就犯了很严重的错误。对很多女人而言，感情是她们的全部，一碰到感情就失去了理性，正因如此，她们才容易陷入感情的困境。不论感情在生命中有多么重要，女人除了感情外，还要懂得运用智慧的力量和思考，才能避免一味地压抑自我、配合男人，也不会拿牵强的论调对抗男人的强硬决心。

爱是行动，不是意图；爱是实际，不是希望。很多女人因为害怕失去爱情，所以不敢以智慧和理性来面对爱情中的问题，以为不揭开疮疤就能保住爱情。她们并非不知道该如何着手，但她们害怕做错事，所以变得不相信自己的智慧，也不相信自己有足够的知识和能力解决问题。

聪明的女人不会犯这样的错误，她们不会强忍内心的伤痛、难过，不过度压抑感情中不舒服的感觉。聪明的女人遇到问题时，会做正确且长远的思考，然后才把内心的感觉与需要告诉伴侣，并与伴侣一起面对并解决问题，绝不会把直接的感情看得比思考过的判断更重要。

爱/情/故/事

宇真每次在和明达亲热后，明达就会拥抱着她共眠或谈心，宇真很喜欢也很享受这样被拥抱的感觉。身体的亲密接触是很棒的心灵慰藉，让他们的感情紧紧系在一起，那是性爱所无法达到的境界。

以前，明达的习惯是，完事后，立刻从床上坐起来，点一根烟，并拿起遥控器开始看电视，再不然，就是跑到厨房为自己做一份三明治。他从没有顾虑到宇真的感受。每当这种情形发生时，宇真就会压抑自己，忍住内心的伤痛，因为她痛恨看到自己这种懦弱的模样。她强烈的自尊心让她无法放下身段乞求明达，但是有时候当她感觉到他又不顾美好气氛，立刻要从床上跳起来做他想做的事时，她内心的难过还是会忍不住流露出来。宇真看着明达脸上的表情，他的神情混合着罪恶感与一丝丝愤恨的痛苦。

就是这种难以捉摸的愤恨引起了宇真的注意，让她改变了与他相处的方式。某天晚上，在亲热过后，宇真不再像以往一样独自一人躺在床上伤心难过。她坐了起来，情绪非常平静地和明达做了一次深谈。谈的不是她内心的难过与痛苦，而是他的自私行为。宇真谈到，她很早就观察到他对性爱关系的不自在表现，总觉得每次在亲热关系结束后，他好像就很急着要逃离什么东西，她很确定自己和这件事情的关系不大，问题是出在他身上，她想了解这到底是怎么一回事。这个晚上，明达对她说了一件他不曾告诉过任何人的秘密。

明达14岁正值发育期时，父母离婚了。他还清楚地记得，当时母亲的情绪极为低落、沮丧，非常需要有人来安慰。过去明达很喜欢母亲的陪伴，但在父母闹离婚那段期间，母亲几乎完全变成另外一个人，她不再是那个愉快、温暖的女人，她变成一个专横霸道又令人厌烦的女人。心灵极度空虚、寂寞的母亲，晚上经常会来到他的房里，坐在床上和他聊天。但不知为什么，他发现自己的眼睛老是停留在母亲睡衣里的胸部轮廓上，他更惊讶痛恨自己竟然还勃起，他觉得自己很肮脏、龌龊。一面是动弹不得的墙壁，一面是母亲，他觉得自己掉进陷阱里，无法呼吸。当母亲一如往常地要求拥抱他时，那种无法呼吸的感觉更强烈。他很想把母亲推开，然后逃走，以免伤害到她。

说出这件深埋在心里很多年的不堪往事后，明达才终于看清楚，原来他一直活在那件事的阴影中，而这个阴影长期影响了他与伴侣的亲密和爱的关系。明达终于解脱了，现在的他，和宇真的亲密关系越来越契合了，他也能够真正地去享受性爱关系了。

爱情显微镜

聪明的女人在感情世界里，懂得收放、屈伸的智慧。当屈服才能达到目的时，她不会硬闯；当她的影响力没有受到挑战时，她也不会夸耀；她会保留精力，以备当她选择要有所行动时，精力的来源才不会枯竭。

宇真没有感情用事，而是巧妙地运用智慧化解了明达的阴影，他们的感情也因此才能够健康地前进。宇真的智慧在于，她没有把问题揽在自己身上，而是退一步，看出明达在感情上所遇到的困难，而且他的困难和她并没有关系。在宇真清楚和合理的协助下，明达解放了深藏心中的阴影，两人的关系也因此变得更加亲密。

20 别宠坏男人，要让他心有敬畏

“我宁愿失去你，也不愿失去我的自尊。”这是让男人对女人敬畏、不敢逾越界线的最佳策略，除非他根本不爱我们。

浓烈的爱情可能在维持一或两年之后就会转淡，但如果在爱情里，加上一点点畏惧的成分，却可以让热情更为持久。

当女人单方面对男人传递出友善和接受的态度，却不会要求对方也有相同的回馈时，她很容易把男人宠成一个傲慢专横，无法依靠的人。如果女人不习惯明白地表示自己的爱情规则，害怕规范男人会害自己受到惩罚，那么男人就会被她惯坏，不懂得尊重“适当”的界线。再浪漫的爱情或是再成熟美好的爱情，也必须建立在有条件的规范上。偏偏女人若不是忘记这一点，便是因为害怕而不敢要求。我们都希望爱情能够永久不褪色，但浪漫的爱情却是脆弱的，得随时注意规范才能让爱情保持生命力。

在爱情中，女人容易表现出友善、善解人意的个性，因为那样会让她们觉得自在。她们很难强迫自己对伴侣表现出坚持到底的个性。常常女人在爱情中会犯错，让男人变得对她们不尊重，这是因为女人过于在意男人的需要，努力地满足男人的需求，却把自己的需要抛到脑后。她们会不停地告诉自己，想要留住男人，就必须压抑自己的情绪，模糊自己的规则与界线。事实上，这并不是成功的方程式，而是失败的方程式。

男人因女人的宽容和善解人意而强大，但这并不等于他对我们的爱也会变得更强烈。男人的爱是否能存活，得看女人如何创造和维持男人对她的尊敬。聪明的女人会懂得表现自己的规范与界线。她会让男人明白，她宁愿失去他，也不愿失去自己的自尊，令男人对她有所敬畏，不敢轻言跨越规范的界线。因为他们和女人一样，也害怕一旦逾越界线就会失去心爱的女人。

爱/情/故/事

尚恩是珊妮的大学学长，两人同时也都是桥牌社的成员。尚恩不仅牌技一流，更得过国内外无数比赛的奖座，他的个性谦和，更是许多学妹心中的白马王子。珊妮虽然对尚恩非常崇拜，却不敢有过多的期待。

进入职场后，珊妮因为业务关系再次和尚恩相遇，在得知尚恩没有女朋友之后，她提起勇气向尚恩告白，在尚恩没有拒绝的情况下，两人的关系发展得越来越亲密。过去，珊妮在感情上一直都很有自己的想法，努力维护自己在感情上的需要与界线，也能得到男友的尊重，至少在她的上一段恋情时是如此。

不知道是不是多年来对尚恩的崇拜心态所致，珊妮在面对尚恩时，所有对爱情的想法需要与界线都不存在了。她经常感到困扰，不知道自己对尚恩是崇拜还是爱。但她心里确实非常害怕失去尚恩。为此，她努力满足尚恩的需求，只要是尚恩要求的，她一定做到；他没有要求的，她也一样做了。但渐渐地，珊妮发现自己的笑容越来越少，也越来越压抑。

他们的感情发展一年后，有一天珊妮回头检视这段感情时，她发现浮现在脑海中的画面都是她为他做了什么，或他要求她做什么。在那些画面里，尚恩有如聚光灯下的大明星，而她则像是躲在光线外阴暗角落里的小助理，随时等候大明星的差遣，她看不到自己的存在。

此外，她还有另一个发现，就是这一年来变了很多，以前那个个性谦和的学长，不知从何时开始变了另一个模样。他常常对珊妮露出不耐烦的表情，经常讲话刺伤她。珊妮还发现他和别的女生约会到深夜才回家，但却谎称他们是在讨论公事，几次之后，尚恩甚至连借口都懒得找，也懒得解释。

想到这里，珊妮不禁放声大哭，她知道自己做错了，她因为害怕失去尚恩，不敢表现自己的感受与需要，甚至抛弃自尊，努力配合尚恩的规则需要，是她把他宠成现在这副模样的；是她一直没有让尚恩知道她的界线，他才有机会践踏她的尊严；是她让自己变得在尚恩的眼里毫无价值；是她对自己不公平。她讨厌现在的自己，并决定找回以前那个开朗的珊妮，找回自尊。她必须和尚恩好好谈谈。就算最后的结果得忍痛割舍这段感情，她也要保护自己。

爱情显微镜

聪明的女人维护自尊的爱情界线：

*绝对不允许男人对她不敬；

*绝对不让男人觉得任何形式的谎言或欺骗都会被接受；

*绝对不允许男人为自己的不良行为提出懒惰的借口或解释。

PART 5

善用爱情间谍计，赢得不留痕迹

21 爱情内间计，摸清对方的底细

另一半的好友可能都是我们的最佳“内间”，与他们建立良好关系，可以让我们的感情路平坦顺畅。

《孙子兵法用间篇》里有言，间谍的运用有五种：因间、内间、反间、死间、生间。把这些间谍计谋运用到爱情关系里，一样会有令人意想不到的效果。

在爱情刚起步时，双方对彼此的个性、家庭背景以及过去的历史都不太了解，无法确定是否能配合彼此的生活。在这个感情还不是很稳固的时期，我们会想多了解一些与对方相关的事情，例如，可能会想知道他的去向；他还未和我们交往前，是和什么样的女人在一起；周末他大概都会去什么地方；他离过婚，会想再结婚吗？

“内间”指的就是他的好朋友。和他的好友建立良好关系很重要，因为他们曾见过他和其他女人交往的情形，了解他与女友的互动模式，能够和他的好友愉快相处，绝对是他会不会承认彼此关系的关键之一，由于感情还没有进入稳定发展阶段，自然不方便也不适合探询许多比较私密的问题，但我们可以透过两人的共同朋友帮我们找答案。在某些问题上，要他向我们的朋友说实话，会比向我们说实话来得容易、轻松许多，而且也不会让我们因为实话而受到伤害。

我们得做个精明的战略家。首先，我们必须知道对他比较有影响力的是什么样的人，他们也许是他的好朋友或兄弟姐妹，以及他们对这个男人具有哪方面的影响力。当我们和他的好朋友建立起关系后，可以告诉他的好朋友：和我们交往的这个男人多么有趣，我们多么快乐，他们会把话传回去。

老实说，在刚交往的阶段，有些话由他的好友们口中说出来，会比我们告诉他来得有分量许多。因为他和那些好友的交情可能已经非常多年，对彼此都很了解、也很信任，他自然会毫不怀疑地相信他们所传递的消息。当然，我们也会从这些好友们口中得知他是个什么样的人，和我们是不是适合。

切记，他的好朋友都会希望他过得快乐，如果他们认为他和我们在一起很快乐，即使要他们出卖同伴，他们也可能会鼎力相助。他们会让我们知道，我们在交往的这个男人喜欢有人陪伴或需要时间独处，他们甚至会告诉我们一些有关他的特殊癖好，这些可是我们要花好多年的时间，才能观察出来的个人秘密。

爱/情/故/事

海玲是个聪明的爱情战略家，她总能不留痕迹地认识她感兴趣的男人。在她搬进昱嘉居住的社区没多久，就在某个周末傍晚遛狗时，认识了同样也爱狗的昱嘉，只不过在认识他不到一个小时，她就觉得自己的小策略（她的黄金猎犬）的任务完成了，因为昱嘉是个健谈且友善的人，他很乐意谈自己。他们第二次见面后，她已经知道他30多岁，离婚，没有小孩，而且是个白手起家的成功生意人。

“昱嘉对我紧追不舍，”海玲对她的姐妹说，“他每天在中午休息之前，会打电话到办公室给我，告诉我当天的笑话，经过一个多月的电话追求与遛狗交往，我开始喜欢他，但我想和他维持朋友的关系，所以和他的感情并没有快速升温。”昱嘉热情的追求行动依然持续。

昱嘉邀请海玲到家里和朋友共进晚餐。海玲赴约了，因为她喜欢这个大男人，喜欢他说话的声音，还有他那大大咧咧的动作。晚餐除了她和昱嘉，还有他的好友宏均和嫂嫂佳仪。对海玲来说，这样的安排令她满意，因为她并不想与她不感兴趣的男人单独相处。晚餐期间，她观察到昱嘉和兄嫂的关系很亲近，而她也和佳仪相谈甚欢。

认识三个多月后，海玲和昱嘉发生了亲密关系。当天深夜，海玲回到自己的住处后，想起自己把手镯放在昱嘉的床头柜上忘了带走。第二天下午，她打电话给昱嘉，问他晚上是否会在家，她想拿回那只手镯，没想到昱嘉竟然语带嘲讽地说："你没必要为了想回来找我，而故意把手镯留下来。"

下班后，当她到昱嘉家拿回手镯，他送她回到她家门口时，他对她说："今晚我很忙，星期三我们也许可以见面。"海玲点了点头，但心里却觉得很难过，难道男人不明白"星期三我们也许可以见面""我很快会去找你"，这种语意不清的话，对女生是很大的伤害和侮辱吗？她亲了昱嘉一下，和他挥手道别，但却挥不走心中不断涌上的疑虑。难道，他只是想和她玩玩而已？现在得到她了，就想调头走人？

海玲觉得自己必须更进一步了解昱嘉才行。她想打电话给宏均，希望可以从他那里打听到一点消息，但又觉得很不好意思，为了排除沮丧的情绪，海玲决定带黄金猎犬到公园里散步。才来到公园，她就看到佳仪也带着狗儿迎面走来，两个女人很快就打开了话匣子。海玲告诉佳仪，她和昱嘉有了亲密关系，但自从那天起，昱嘉对她的态度就变得很冷淡。

佳仪表示，他们全家人都非常反对昱嘉和异性交往。她说这件事并不是秘密，所有认识昱嘉的人都知道他过去虐待前妻的故事。佳仪的话令海玲不禁松了一口气，原来对女人态度恶劣是昱嘉的惯性，不是只有对她不好。知道自己不是男人唯一的牺牲品时，海玲的心里释怀了不少，海玲非常感激佳仪所提供的消息，让她在受到更多的伤害之前，及时结束了和昱嘉的关系。

爱情显微镜

如果我们够聪明，能够从男人的好朋友口中得到许多消息。例如，他毕业于哪一所大学、目前从事什么行业、他的生活习惯为何、他喜欢什么样个性的女人、他真正的感情生活习性以及他与女人相处的模式。

这些好朋友还可以直接告诉我们、建议我们一些有助益的事。例如，这个男人有哪些优点和缺点，以及他将来可能还会有哪些行为。这些建议有助于我们正确观察这个感兴趣的男人，是否他真如好友所说的那样。

这些好友也可能会提醒我们，甚至警告我们，和他相处时要注意什么。例如，他前任女友为了什么事把他惹毛了，或绝对不可碰触的话题是什么。

22 爱情反间计，表达自己的立场

“反间”就像爱情里的润滑剂，不论难以启口的爱意或怕伤害对方的拒绝语言，“反间”都不会让我们失分。

《孙子兵法》中的“反间”，指的就是收买或利用敌方派来的间谍，使他为我方所用。

在感情交战中，“反间”指的是对方的好友和亲密的家庭成员，这些人想要知道我们对他的感觉，以及我们对两人刚起步的这段感情的想法。但因为这些间谍是他派来刺探我们的，谈话的对象是我们，所以要小心对应。我们和他的感情可能因这些间谍而成就，也可能因这些间谍而毁灭。尤其要特别小心那些故意设计要让我们犯错的间谍，他们可能会利用这些诡计或企图，引诱我们说出还未准备好要透露的消息。例如我们是个很容易坠入爱河的女人，这点并不是对方需要知道的消息。

辨识反向间谍的方法有两种。一是他的好友或家人中，有某个人突然对我们感兴趣，邀约我们一起用餐、运动或逛街。这时我们得要搞清楚，这个邀约的真正目的是什么。是单纯想要认识我们或是想打探我们的消息。二是他的反向间谍假装打电话给我们，表示这通电话是他帮“一个朋友”打的，想向我们打听一些只有我们才知道的特别消息，这时得仔细想想，如果那个人所指的“只有我们才知道的特别消息”其实很多人都知道，那么这个人就是他故意派来接近我们的反向间谍。

我们不一定要只是被动地提供反向间谍所需要的消息，也可以利用反向间谍帮我们传达我们对感情的立场与条件。

爱/情/故/事

亚龄和佑奇才刚开始试着交往没多久。佑奇了解，绝大部分女生宁愿对一个素昧平生的女性倾诉心事，也不愿意向一个不太认识的男性坦白。所以他请求好友兰芬帮忙打探亚龄的意思，看看两人刚萌芽的关系有没有进一步发展的可能。

由于亚龄是金融领域的专业人员，于是兰芬打电话给亚龄，向她请教一些金融资讯与建议并约定时间见面。两人见面时，兰芬就像一个认真的学生，仔细聆听亚龄的讲解与建议，并不断地称赞亚龄直说自己找对人了。

两人聊得非常愉快，不久兰芬开始态度随兴、轻松地谈起了佑奇，不让亚龄觉得她是有目的而来而感到有压力。兰芬告诉亚龄有关佑奇过去的感情，说他曾经订婚三年，却在结婚的前一个星期分手了，因为他们都明白两人真的不适合在一起。兰芬还说，某次他们在聊天时，佑奇明白表示他很喜欢亚龄，他觉得亚龄和他以前的女友完全不同。

亚龄是很敏锐的人，她当然知道兰芬真正要表达的是："你喜欢佑奇吗？在乎他吗？如果你喜欢他在乎他的话，我会帮你传达。"亚龄故意先透露自己喜欢佑奇，希望能够继续和佑奇交往的心意，接着她也顺势利用兰芬的力量，帮她带一些她对感情的需要的讯息给佑奇。亚龄说："我不太喜欢和占有欲太强的男人相处，希望两人的交往速度可以慢慢来。"佑奇听到兰芬带回来的消息后，他知道自己和亚龄有机会更进一步，但他也知道自己不能操之过急。

只是一杯咖啡——两个多小时的愉快交谈，亚龄和兰芬解决了一个大问题，不但让佑奇得到了期待的答案，也附带让他知道接下来该怎么做，才能让感情走得顺利。

爱情显微镜

当我们认出反向间谍时不要排斥他们，而要以诚恳的态度和他们互动，并尽量从他们身上得到我们想要知道的消息。

绝对不要在反向间谍的面前批评刚交往的男人，反向间谍通常都是对方的好友，势必会为他辩解、替他找理由，而且也会对我们产生下不佳的看法。反向间谍向他汇报时，可能就会主观地评断我们是很难相处、喜欢在背后诽谤别人的女人。

记住，反向间谍是他的好友，不是我们的。所以千万不要把心事告诉他们，也不要让他们知道我们不想让他知道的事。

23 爱情生间计，让我们不会误踩地雷

选对“生间”，我们的爱情可能会一帆风顺；选错“生间”，我们必定会踩到爱情的地雷。

慎选间谍是非常重要的。担任间谍的人必须要有很好的观察力、懂得阅读人们的肢体语言、个性稳健。也许我们的朋友都和我们一样，想对他有更清楚的了解，于是自告奋勇地想当我们的间谍，帮我们查探军情。但是不论这些朋友多么想帮助我们，如果他们缺乏意志，不够沉稳、机智，对是与非无法清楚判断的间谍，他们不但无法帮上我们，反而可能被对方识破身份，甚至被对方套出我们不想让对方知道的事情。

当我们在朋友之中寻找间谍的适合人选时，可以把他们分成两类，可以胜任当个好间谍的朋友以及无法胜任好间谍的朋

友，或谨慎、可爱型的朋友以及直接、诚实型的朋友。要切记，绝对不要选择“直接、诚实型”的朋友担任间谍，因为他们没有能力在神不知鬼不觉中套出对方的消息。此外，也不可以选择行为无礼的朋友帮我们打听消息，因为他们无法掩饰自己的意图，或不懂得采取迂回的方式和对方接触，最后落得败兴而归也就算了，还可能让对方对我们起了防备心，甚至害我们误踩爱情的地雷。

所以挑选的间谍必须要够灵巧，而且完全知道我们心中的想法与期待。最重要的是，这位间谍必须是懂得置身事外的人，他能够随时保持若无其事的反应，毫无破绽地和对方谈话。

爱/情/故/事

乔恩是一名舞者，她和三位朋友合伙开了一家舞蹈教室，并且与许多经纪公司配合，为歌手编舞。在朋友眼中，乔恩是个魅力十足、个人风格明显、行事谨慎且品位高尚的女人，至少在她认识文洋之前是如此。文洋比乔恩大6岁，是一家金融企业的高级主管。

“我们是在某次商业性质的派对上认识的，文洋在那种场合出现是再自然不过的事，而我则是被投资经纪人邀请参加的。”乔恩说，“我们可以说是一见钟情。一见到彼此，他便朝我走来，然后我们就手挽着手离开了会场，接下来的两个星期我们几乎是形影不离。”

将近两个月的时间，文洋每天晚上几乎都在乔恩家里过夜，早上上班之前，他会先回到公司为他承租的公寓里换衣服，然后再去上班。乔恩知道文洋已经结婚，但文洋告诉她，他和妻子的感情早就破裂，两人已经分居一年多了，目前正准备离婚。乔恩完全相信文洋的说法，因为如果文洋和妻子不是处于分居状态，他怎么可能每晚都在她家过夜，每个周末也都和她一起度过。

就在这段期间他们恋爱了，两人都相信一定是上天的帮忙，让他们找到了彼此，两人交往到第四个月时，文洋便向她求婚了。

“我认为我们两人一定能够克服所有的困难，”乔恩对同时也是合伙人的好友说，“我们有许多共同的计划等着去实现，而我有这种‘就是这样’的安定感觉。”

有天晚上，深夜了，文洋还没有过来。不久，乔恩的电话响了，是文洋打来的，他告诉乔恩一则坏消息：“我的妻子得了乳癌明天要开刀，在她开刀住院这段期间，我可能暂时无法去陪你了。我已经签了离婚协议书，等她签名以后我们就正式离婚了，但现在这个时机很敏感，不太适合催她签字。”

乔恩体贴地表示她完全能体谅，因为她自己也是女人，如果自己也遇到这样的不幸，也会觉得人生无望。在那之后，文洋又打了几次电话给乔恩，诉说他心里有多么痛苦，多么思念她，并且还谈到了太太的病情。接着，有一个多星期的时间，乔恩都没有再接到文洋的电话，于是她打电话到文洋的办公室找他。那个晚上，他们重温了以往的热情，但他表示无法留下来过夜，他不想在太太最需要人关心的时候对她不闻不问。但是接下来的几个星期，同样的情形重复上演。这时，乔恩知道自己需要间谍的协助。

乔恩想起文洋曾经提到，他太太曾经在某健康慈善团体担任义工，她立刻打电话到那个团体，并询问到他们近期将会举办一场募款活动。接着，她拜托好友意琳也去加入那个团体的义工行列，并查到了文洋家的电话。

意琳打电话到文洋家，有个女人来接电话。意琳问她是不是文洋的妻子，那个女人回答是而且她的声音听起来很健康。意琳表示她正在为妇女健康慈善团体募款，由于文洋的太太过去也是这个团体的义工，便对意琳完全卸下心防。意琳很冷静地问她，是否认识任何受疾病困扰，尤其是妇女病的女性朋友。文洋的妻子透露，她有个朋友得了乳癌目前在开刀住院治疗，但她自己一点都不担心这个问题，因为她每年都有做详细检查，状况一直都很好。当然，她也慷慨地捐了一笔钱给意琳。

意琳虽然不希望好友受到伤害，但还是诚实地向乔恩汇报所打听到的消息。事已至此，乔恩还是不得不面对现实，并和文洋斩断情丝。

爱情显微镜

不论感情走到最后的结果是美满或失败，我们都要感谢感情间谍对我们的付出与协助。同时，我们也要看看自己有没有可以帮助他们的地方，也许我们会认为自己的感情问题最重要，必须优先处理，但我们也要以无私的态度了解其他人的问题，因为对他们而言，他们的问题也是最重要的，我们必须懂得关心他们的需要。

保密和保护间谍的身份及他们的协助行动，是我们一定要做到的事，在任何情况下，我们都不可以背叛他们，更不可以让他们卷入我们的感情纷争中。

24 爱情死间计，黄鼠狼给鸡拜年

仔细看清楚那些表现热心、想帮我们成就感情美事的人，他们有可能是黄鼠狼，真正的目的是要抢夺我们已经得手的猎物。

《孙子兵法用间篇》：“死间者，为诳事于外，令吾间知之，而传于敌间也。”死间是指制造散布假情报，或向敌人散布谣言，诱使敌人上当。一旦真相败露，则必死无疑。

我们必须特别注意观察这类的间谍出现在我们的爱情世界里，他们之所以对我们的感情有兴趣，完全是为了自身利益，不是为了帮助任何一方。当死间瞄准目标时，总是不安好心眼。死间不会诚实地向我们汇报消息，而是汇报我们的闲话和假消息。

要当心披着美丽外衣的死间，他们会假扮成我们的好友，说服我们，让我们相信他们是和我们站在同一阵线上的，他变得越来越大方，而我们就会对他越来越不设防。要注意这是黄鼠狼给鸡拜年。

事实上，他们完全是为了自己。在我们和恋人的恋情还不是很确定或很顺利期间，他的好友或前任女友会突然很热切地想帮我们的忙。事实上他们可能另有所图，而不是真的想帮我们，他们会针对我们的弱点或担心来汇报消息，让我们更确定自己的担心完全是正确的，和对方在一起只有痛苦没有幸福。死间的目的若不是想要他回心转意，就是希望他痛苦。

爱/情/故/事

爱莉和益仕已经分手五年了，五年来，益仕远居国外，没和她见过面，也鲜少联络，但爱莉依然爱着他，即使她一直摸不清楚益仕的感情态度。某天，益仕突然打电话给她，说他即将返国，而且想邀约她共进晚餐。爱莉心中既兴奋又害怕，但随即又想：这应该无伤大雅，也许他只是把她当成普通朋友而已，于是便答应他的邀约。

晚餐期间，益仕表示这次回来有两项任务，一是回总公司开年度会议；一是和爱莉见面。他想和她再续前缘，益仕的直接令毫无心理准备的爱莉手足无措，不知如何回应。爱莉虽然爱他，但还未走出五年前他离开她的阴影。当时，他的生活里只有工作，虽然他爱她，但当公司询问他是否愿意调派到国外分公司时，他没有和她商量便一口答应了。为了这件事，他们发生了激烈的争执，然后在这样的僵局中，益仕飞到国外工作，两人并没有正式协议分手。

“这五年来，我在国外也和两三个女人交往过，但不知为何我总是经常想起你，尤其这两年来，我开始以结婚为前提和女性交往时，你的身影更常浮现在我的脑海里，我想，也许我们应该给彼此一个机会再试试看。”益仕看着爱莉，态度认真且诚恳地说。

爱莉看着益仕，脑海中一片混乱。这个男人怎么可以说离开就离开，想回来就回来。她的确还是很爱他，而且她也觉得他变了很多，变成熟了、稳重了，也没有以前那么冲动。只是过去的阴影让她不敢轻易再陷入他的情网中。就在她为这件事感到头痛不已时，她接到了亦真的来电。

亦真是益仕的大学同学，也是多年的超级好友，和益仕有着家人般的感情，益仕和她几乎是无话不说。亦真对爱莉表示她知道益仕想和爱莉重修旧好，她也希望他能找到幸福。她打这通电话只是纯粹关心而已，但这通电话对爱莉而言，就像是救星突然降临一样，她可以请亦真帮忙查探益仕目前的感情状态与态度，以及他和过去几任女友的感情发展状况。

几天后，亦真约爱莉见面。一见面亦真便叹了一口气，然后一脸若有所思地问爱莉：“你真的还很爱他吗？”

爱莉听得出她话中有话，“怎么了吗，他不是真心想和我安定下来吗？”

“哦，他的确是想要安定下来，毕竟他的年纪也老大不小了。不过，就我探询的结果，我觉得他和前面两任女友都还有往来，也都以结婚为前提和她们交往，所以我觉得你要考虑清楚。”

爱莉拒绝了益仕。半年后，她收到亦真的喜帖，而令她不敢相信的是，亦真的新郎竟然是益仕。经过辗转打听，爱莉从一位和益仕交情很好的同事口中得知，益仕当初的确是想要和爱莉重修旧好并和她结婚，但是她拒绝了。而亦真在知道益仕打算安定下来后，便对他展开爱情攻势，并且顺利嫁给了他。

爱情显微镜

在爱情世界里，“死间”就是披着羊皮的狼，也是标准的爱情麻烦制造者。

有些“死间”是为了自私的理由，而从中破坏我们的恋情，这种人心计非常多，城府非常深，表面上假装是我们的好友，真诚地想帮我们促成美事，暗地里却是破坏我们的美事，以达成其目标。故事中的亦真就是这样的间谍。

有些“死间”则是打着热心、正义的名号，他们自认有义务必须介入我们和恋人之间的感情，但真正的心态却是唯恐天下不乱，或是见不得别人好，街头巷弄里的那些三姑六婆就是这类的间谍。他们最大的本事就是搬弄是非，把一桩美事挑拨成一件恶事后便置身事外。

PART 6

轻易放手，是永远的输家

25 设定爱情淘汰机制，让目标变明确

把不适合的人一一淘汰后，我们自然就会看到那个最适合我们的人。这是一种爱情进化论。

在寻找真爱的过程中，我们可以把男人分成几个类型，然后淘汰那些我们无法忍受的男人类型，如此才能有效又确实地寻找到理想的伴侣。

在爱情中，对我们而言，什么是最重要的？什么是不重要的？只有我们自己最清楚、最能区分出来。对某些女人来说，和她在一起的男人是否有信仰可能很重要；但对另一些女人来说，会说“我不会永远都打领带”的男人可能很重要，因为这就表示这个男人不喜欢在任何场合都打领带，他甚至会为了不想打领带，而放弃一场可以享受美食的大型派对。

在设定爱情淘汰机制之前，我们必须先确定，我们对生活

上的哪些事会无法忍受，这些事包括：吃东西、穿衣服、居住环境、嗜好、睡眠、走路、言谈举止等。然后观察对方是否在这些方面会造成我们的困扰。例如，他用餐的礼仪很差，吃东西不但狼吞虎咽，还发出声音，假如他有这方面的问题，那么当两人单独用餐时，我们会感到很困扰；当两人和朋友或家人一起用餐时，我们会感到尴尬、难堪。试想，如果要和这个人相处一辈子，我们能对这件事视而不见吗？

当然，还有些女人觉得金钱才是最重要的，所以她拒绝其他男人，只对有钱的男人有兴趣。

爱/情/故/事

雯丽不但面貌与身材较好，而且品位也很“高”，她非常清楚自己想要的是什么样的爱情，她要那种可以让她想要什么就能拥有什么的男人。

由于一心一意就想钓个金龟婿，雯丽会到观光赌场小玩一下，顺便找机会认识那些出手大方的赌客，她还假装自己是作家，正准备写一本有关“黄金单身汉”故事的书，借机接近那些大方的赌客，假意采访他们的故事，其实是想一探他们的财富底细。但是她发现这一招并不管用，因为那些黄金单身汉不会笨到对一个陌生女子谈论自己的财务状况。

有一天，雯丽在坐捷运回家途中，她发誓将来一定要让自己可以天天搭计程车。就在那一刻，她的脑海突然闪过一个念头——假装卖名车。雯丽是那种说到做到的女人，她立刻规划起这个计划，她先在周末租一部全新的宾士车，然后在销售量最高的报纸及网路上刊登广告，表示她有一辆全新的双人座宾士待售，价格是一般市价的七折，她希望这个价格有吸引力，但又不会低到让人怀疑是假的。

周五晚上，当她到汽车租赁公司把车开回家后，她的手机里已经有一堆留言在等她了。她立刻把所有女人的留言删除，只留下男人的联络电话。然后，一整个晚上，雯丽的电话响个不停，如果是女人打来的，她就说车子已经卖掉了；如果是男人打来的，她会故意抛出它不是家庭房车的讯息，淘汰已经结婚的男人；如果对方表示只有夫妻两人，她会告诉他们，车子已经卖掉了；但如果对方说："车子是我自己要用的，我还是单身。"她就会把这些人列入试乘名单。

雯丽盘算后，认为有能力购买这种名车的单身汉，也一定有能力供得起她的需求，所以和这些人共同试乘20分钟，很值得她好好努力。直到周日中午时刻，一切都如她预期，进行得非常顺利，她见到了几位令她比较满意的买者，包括一位继承丰厚家产的教授；一名被视为天才的经销商；还有一名自己经营牙医诊所的牙医，他的诊所还聘请了好几名牙医为他工作。

但问题来了，当十几名男士试乘后，便把车子围得团团转，手上的支票簿挥来挥去，每个人都争着要车子，没有人注意到雯丽的存在。雯丽试着解释周日银行不上班，她不接受支票。但他们不愿意接受这个借口，大家都把怒气发泄在她身上，就这样雯丽的“盲目约会计划”失败了。

雯丽从这次的教训中，学到了一些经验。过了一个星期，她又租了一部不同品牌的名车。不过这次，她会确定一次只能有一个男人接近这辆车，而且只筛选出适合她条件的男人。

爱情显微镜

大部分的女人总是被动地等待男人的挑选，认为这样才符合社会体制。其实，这样的落伍观念早就该把它抛开，因为爱情是我们要谈的，未来的日子是我们要过的，自然我们的男人也该由我们来挑选。

如果我们面前站了一排对我们感兴趣的男人，以及一排我们感兴趣的男人，该如何挑选？“淘汰”是比较容易也较有效率的方式，把觉得不适合或无法忍受的男人先淘汰出局。接下来，仔细想想并诚实地问自己，对我们来说，什么样的特质最重要？根据那些特质来挑选，相信一定能挑到一个能够满足我们并与我们一起愉快相处的男人。

26 认清自己的个性，才能找到对的人

无法看清自己个性的女人，永远找不到“对的人”，因为她根本不知道自己要什么样的男人。

很多女人常在与伴侣长期生活或进入婚姻生活后，才惊觉“我无法那样过日子”，或感叹“我嫁错了人”。

女人想找到对的人之前，要先清楚了解自己能够妥协的事情有哪些？又能妥协到何种程度？这些事情可能包括金钱开销的问题、他想要的和我们不想要的事情、是不是要生孩子以及要生多少个孩子、周末是否一定都得要和他的朋友交际等问题。在挑选伴侣时，要问问自己，有哪些事情是我们无法忍受的，一旦对方身上真有这些令我们无法忍受的事情时，不要犹豫直接把这个男人剔除在名单之外。

选择男人时，有许多事情需要仔细、慎重地考虑。保持雪

亮的眼睛，继续评估是很重要的。

什么样的男人是我们不想要的？当然，不能爱人或不懂得爱人的男人绝对不能要；会对女人与小孩施暴的男人碰都不要碰；会为了一点小事就暴跳如雷，爱与人争执打架的男人离他远一点；拒绝长大或拒绝行乐的男人，要和他保持距离。

每个女人都向往美好的恋情与幸福的婚姻，但在得到它们之前，我们必须非常清楚地知道自己的个性，然后才会知道什么样的男人适合我们，是能够带给我们幸福的人。仔细想想，我们要的是什么样的男人？外表俊帅？社会地位很高？家财万贯？适应能力很强？或者很注重传统？想清楚了，再选择吧！

爱/情/故/事

玫雅是一个天赋型的陶艺家，她嫁给了从小在台湾南部大家族里长大的华生。华生是一名神经外科医生，他的观念虽然传统、保守，但对女人某些特质却相当开放，他欣赏有创意、精力充沛、成功的女人，而这也正是玫雅吸引他的最大原因。

平日，不论是两人单独相处或和朋友们相聚，华生都表现得像绅士一般，对待玫雅既尊重又体贴，但只要回到南部和家族的男人聚在一起时，他就像变了一个人似的，变成和他们一样的大男人，不再平等、尊重地对待玫雅。

“当我们和家族的其他男人在一起聊天时，华生常常会在我的身后和他们说话，好像我低他一等似的，”玫雅说，“如果其他男人和我聊太久、聊得太高兴或站得太靠近，他就会表现出醋劲很大的样子。但是只有我们两个人独处时，他却是个很可爱、很温柔又体贴的男人。”

在华生的世界里，玫雅觉得自己变小了，尤其在面对华生家族中的男人时，她好像变成了华生的附属品。玫雅明白人生本来就难免有得有失，无法事事圆满，但在得与失之间，她懂得珍惜她所重视的事物，所以对失去的也就不会过度在意。

两人结婚10年后，玫雅仍得面对同样的状况。她了解华生的为人，也知道家族对他的重要性，他在家族男人面前的表现，只是为了得到家族的认同，并维持与他们之间亲近的感情，对于这一点，玫雅并不想改变他。对玫雅而言，她认为她值得为华生这么做，毕竟在他们的生活中，与家族成员相聚的时间并不是很多，绝大部分的时间都是属于两人的世界。

爱情显微镜

我们是否清楚自己的个性？是否清楚自己想要什么样的男人？

有些女人很在意男人的外表，尤其是年轻又没有生活压力的女人。不过等她到了50岁，应该就不会有这种想法了。

有些女人很在意男人的社会地位，认为这样的男人才能让她衣食无忧。但现代的女性社会地位越来越高，很独立、能照顾自己，不需依赖男人的鼻息过日子。

有些女人一心只想找个财力雄厚的男人，但现在这个经济无定性的世界里，楼起楼塌常常就在转眼之间，存折里的数字不再是终生保障合约，男人的能力、勤奋与雄心壮志才是我们真正的长期饭票。

再想想，男人的生活习惯对我们而言，重不重要？我们能忍受和一个没有固定工作观念，不想在固定时间睡觉，每天都拖到凌晨4点才上床的男人一起生活吗？当所有人都欢欢喜喜地遵照传统礼俗围炉、向长辈拜年，而他却不想受社会规范的约束，穿着随便、行为随意时，我们仍会觉得自在吗？

想清楚自己在意和不在意的事，我们才能找到对的人。

27 小小的诱惑，持续男人对我们的兴趣

爱情里，如果加入了躲猫猫的游戏，让他觉得随时会抓到我们，却又没有十足的把握时，他的心里会随时充满期待。

男人和女人都会运用小小的诱惑技巧，男人会隐藏他的脾气，女人会涂上口红。关于女人施展诱惑的必要性，在两性战争中，有一则流传已久的说法：情侣一旦结了婚，女人得到她的梦想，而男人则失去他的梦想。女人的梦想是成双成对，而男人的梦想，则是希望全世界的女人都能和他配成对，即使只有一夜春宵也好。男人不愿意承认自己需要女人、依赖女人，但是女人引诱他们时，他们就会掉入爱的世界，女人的虚虚实实就是最大的诱惑力。

诱惑就像诱饵，必须每隔一段时间或距离放一点饵，渐渐地，将我们的目标引诱到目的地。当我们有意要和某个刚认识

不久的男人发展认真的感情时，就必须适时地使用诱惑的技巧，帮助我们将恋情向前推进。诱惑的技巧不能太早使用，否则会让男人觉得我们刻意又矫情；但也不能太晚使用，错过了男人对我们感兴趣的阶段。何时是使用诱惑技巧的最佳时机？就在第三次或第四次约会之后，到了这个时刻，可以感觉到两人对彼此都有兴趣，也都会开始注意到彼此生活上的小细节，这时就是趁势加码、施展诱惑技巧，更进一步抓住他的注意力。

有些女人在经过几次约会，发现自己喜欢这个男人，但不确定他对自己是否有兴趣时，为了刺激对方，同时证明有许多男人都想要她，她便开始施展诱惑的手段，描述一些她自己生动的性经验。结果，刚发展的恋情就这样结束了。这些女人所犯的错，就是不懂得循序渐进地施展诱惑，第一次就抛出令男人无法招架的事，告诉男人自己是性爱高手，并不会提升男人对我们的兴趣，反而会让他觉得已经有太多男人征服过我们了。

对男人来说，能够一点一点地拥有我们，是让他们长期维持高度热情的最好方法，而且也让他们有比较足够的时间充分了解、熟悉我们。女人的诱惑技巧也许令男人觉得虚虚实实，摸不着头绪，也许令他们感到小小的被欺骗，但这正是爱情奥妙之处，它让男人乐在其中。例如，有些女人很善于利用“小小的拒绝”、“假装自己没空”这种欲擒故纵的手段来诱惑男人。

爱/情/故/事

湘琪和明耀是在某次朋友的派对上认识的，两人都对彼此留下不错的印象。接下来的一个多月里，每个周末下班后，明耀便会约湘琪共进晚餐、看电影或打球。湘琪很喜欢明耀，她感觉得出来明耀对她很感兴趣，她知道明耀一定会再约她，所以她决定采取行动，让两人的感情可以往前踏一步。

当明耀约湘琪周末下班后一起看电影时，湘琪拒绝了，这令明耀感到有些意外。

“如果你是因为不喜欢看电影的话，那你可以告诉我你喜欢做什么事，我都愿意陪你。”明耀婉转地说。

“我当然喜欢看电影，尤其是和你一起看。不过，公司帮我报名参加一个训练课程，这个周末假日我得去上课。”湘琪无奈地回答。

那个周末假日，其实湘琪哪儿都没去，待在家里帮妈妈做家事，陪妈妈上街买菜，看看书、看看录影带。不过为了不让和明耀这条感情线松掉，她还是在星期六晚上打了电话给明耀，看看他都在做些什么。显然，她的突然缺席让明耀若有所失，星期五下班后就回家，星期六整天懒洋洋的不想出门。

“不然，下个周末下班后，我们去看电影，我请客！”湘琪以弥补语气说。

两人周末下班后的约会持续进行着。某次，当明耀提议下个周六一起出游时，他遭到湘琪的第二次拒绝。

“真的很抱歉，我已经和高中同学约好一起去看球赛，而且票也早就买好了！”湘琪一脸抱歉地说。她注意到明耀落寞的神情，不过这次她没有做任何弥补的动作，反而兴高采烈地聊起看球赛是一件多么有趣又令人兴奋的事。湘琪说她和同学期待那场球赛很久了，而且门票也在很短的时间内被抢购一空，她们都很高兴抢到了票，她的确是和同学去看球赛，不过门票是当天晚上才上网订购的。

约会半年后，明耀第三次被湘琪拒绝。在4天连续假期来临的前一个星期，他邀湘琪一起到台湾南部某观光胜地度假。

“哎呀，真是太可惜了！那4天假期我要和几个姐妹外出旅游！这个行程我们规划很久了，几个月前我跟你提起过呀，你忘了吗？如果我早知道你有这个计划，我就不和她们出去玩了！”湘琪一脸惊讶又可惜地说。

“我以为你只是随便说说而已！”明耀觉得整个人有如掉入冰窖一般。

这次湘琪没有骗他，只是事情来得早不如来得巧，正好让她有机会顺理成章地拒绝明耀的邀约。不过，这个意外的巧合，也让明耀心生警觉，他发现湘琪并不是只有和他在一起时觉得快乐，她和朋友、同学的感情似乎非常紧密，反倒是自己不见得是她生活的重心，这一点让明耀心里有些不是滋味。原本自信的明耀，不禁开始怀疑起自己的魅力，觉得湘琪好像没有他想象的那么喜欢他。

因为害怕失去湘琪，明耀更努力地追求她。他知道他们彼此都很喜欢对方，但他想得到湘琪更多的注意力，想成为她心中更重要的人。

爱情显微镜

男孩的成长过程并没有玩新郎娃娃，而是被训练要征服其他男人，不像女孩子有新娘娃娃陪着长大。母亲和女儿的聊天话题，总是以该如何选择事业和伴侣为重心；父亲和儿子聊天的话题，则是如何追求事业上的成功、了解并担负家庭的责任。

谈恋爱时，如果表现得太冷漠，就会毁了一个男人对我们的热情和兴趣；若是表现得太懦弱，则会让男人觉得我们会在爱情中粉身碎骨，令他不敢对我们有兴趣。

《孙子兵法》中，所谓的虚与实，指的不是一场硬碰硬的战争，也不是一场公平性的作战。它是实力较弱的一方懂得隐藏弱点，混淆敌方的判断力，然后看准敌方的弱点，发挥以小博大的力量，一举打败敌方。

男女的感情就是这样，总是一方较强壮一方较脆弱。女人想和这个男人在一起，的确是要费一点工夫，而且是女人擅长的温柔工夫，才能使两人的强弱达到消长平衡的状态。

28 爱的沟通能力，是延续爱情的力量

情人的爱情节拍不会永远一致，冲突有时是感情更甜蜜的开始，如果其中一人拥有爱的沟通能力的话。

在两性的战争里，聪明的女人偶尔会以出其不意、正面迎击的方式解决事情，会使爱情变得更为有趣，因为男人想要的是有趣和无法预测的爱情。

每个人对于感情的经营都有自己的想法，很少会有完全一致的时候。当两人的感情意见不合时，不一定就会导致感情失败；反倒是当两人陷入沉默、无声的痛苦中时，感情才会走上不归路。遭遇感情意见不合时，最好的解决方法就是面对它。直接面对问题，就表示两人愿意以公平、面对面的方式，各自表达自己的意见、感受与需要，互相倾听对方的心声。了解彼此的观念，在乎彼此的感觉是很重要的。每个女人都希望男人

能够听到自己的心声，看到自己的需要，但也绝对不要忘了，对方的感觉也同样很重要。

感情意见发生冲突时，表面上看似感情走向结束，但如果能够圆满解决，冲突会是感情更甜蜜的开始。面对问题并非表示失败，而是有机会找出感情无法配合需要的原因，和另一半面对面处理事情，而不以暴力相向，是最困难的一件事。

爱/情/故/事

28岁的佳妮和拓野已经订婚快两年了，两人在订婚后，便住在一起。当然，佳妮和拓野也很期盼能够共组家庭，只是他们之间有一件事一直无法达成共识。

自从两人认识、热恋以来，佳妮从来都不曾想过要生孩子，她坦白地告诉拓野，她对孩子一点兴趣也没有，甚至觉得小孩很烦人。拓野则是认为，也许过几年佳妮更成熟了，会燃起她的母性本能。

拓野是一个非常爱孩子的男人，他很想当爸爸，而且坚持婚姻中一定要有孩子。每次在街上看到父亲牵着孩子，或孩子骑在父亲肩上的画面，就让他觉得既羡慕又嫉妒。只要一有机会，他就会带佳妮参加一些同事的家庭聚会活动，或迎接新生儿诞生的庆祝活动，期望能改变佳妮的心意，但佳妮并没有被那些美丽的亲情画面和场景感动。

于是，拓野开始利用没有孩子这件事当成武器，动不动就对佳妮发脾气。他总是借机抱怨佳妮：“你从来都不站在我的立场想一想。”“我很怀疑你是真的爱我吗?”“老实说，有时我很高兴我们没有孩子，否则，你这么讨厌孩子，万一孩子做错一点点事，可能就会被你丢到街上!”

看到拓野对生孩子这件事的反应越来越强烈，佳妮知道已经到了必须做决定的时候了。“我很爱你，也非常重视和珍惜我们的感情。”佳妮说，“但我无法忍受你一再拿生孩子这件事当武器来和我吵架，我以后不会再回答你任何有关生孩子的问题，也不希望这件事变成我们婚姻不美满的凶手。”

“那我呢?我怎么办?难不成你要我找别的女人生孩子?”拓野绝望地问。

“我尊重你想成为父亲的期望与需要，但我无法帮你达成这个心愿。我不知道以后我是否会改变想法，但目前我很确定这一点，如果你觉得拥有一个完整家庭比拥有我更重要，你在订婚之前，甚至在恋爱的时候就应该让我知道。”

拓野并不讶异佳妮不想要孩子这件事，但他不敢相信，佳妮竟然为了这件事，要他在孩子和她之间做选择，他从未想过会听到这些话。撇开生孩子这件事，他知道自己非常爱佳妮，并不希望结束两人的关系。

他们结婚了，为了满足拓野想要养育孩子的需要，佳妮放弃周末与他相处的时间，让他充当他那6个月大的侄儿的奶爸，拓野经常会把婴儿带回家过夜。一开始，佳妮有些不耐烦，但是拓野绝对不麻烦她帮忙，总是把孩子照顾得很好，而且不论再累都乐在其中。他看着婴儿的那种眼神，是佳妮不曾见过的。

这种情况持续了9个多月，佳妮的心似乎开始动摇了。她还是觉得小孩很烦人，但如果拓野能够一手包办孩子的所有事情，也许她应该也让拓野有机会当爸爸。

爱情显微镜

“无法沟通”会摧毁所有爱情的魔力，而现实生活则摧毁了我们与恋人所创造的简朴、快乐的生活。有时相处实在太难了，再深再浓的感情基础，也抵挡不了现实相处所产生的种种摩擦。

有些男人非常缺乏“爱的沟通能力”，只知道去爱，却不知道学习沟通。他明明就很爱我们，但表现出来的举止，却会让我们觉得他想控制我们；他提醒我们有关我们的缺点，却让我们变得更没有安全感；他邀我们一起度周末，但之后却绝口不再提起；他反对我们在餐厅点的东西也就算了，还要再追加一句：“你确定你要吃那没营养的东西吗?”

这样的男人用他的方式爱他的伴侣，却从来不曾想过，这种爱的方式是不是我们所需要的或有能力接受的。他强力地发送爱的电波，我们却完全感受不到电波的存在。自然地，两人爱的步伐不再一致，抱怨、意见不合也开始产生。

29 入侵对方的领地，看清他的真面目

踏入对方的生活领地，是决定两人感情继续前进或就此终止的关键，因为这是我们更清楚了解他的时候。

“领地”指的是一个人的生活领域，包括他的家庭生活、办公室生活、他的朋友圈等。在爱情世界里，“入侵对方的领地”是一个可以让我们更进一步看清对方，及早了解他是不是我们想要共处一生的人的方法。踏入对方的领地后，我们会发现，他可能对我们没有吸引力；我们可能不喜欢他接吻的方式；我们和他约会了几次，却什么事也没发生。于是，两人就“散”了。

当两人的感情发展到很亲近时，无可避免地，就会踏入彼此的领地，这时才是感情能否面对现实打击与考验的开始。在每个人的领地里，都有许多问题等待解决，和许多压力等待安

抚，而这也是开始看到彼此缺点的时候。

爱情正浓烈的阶段，男人不会要我们了解他，也不想知道我们的任何事。就算为了一点小事而吵得不可开交，也不会影响两人的浓情蜜意。但除非两人都只想单纯地谈恋爱，不想让感情再往前一步，否则，迟早都要经过“领地”这一关卡的考验。

“领地”会让我们了解对方的真正面目与生活态度，当一个男人拒绝我们踏入他的领地时，我们就得提高警觉，怀疑他是否在逃避或隐藏什么。试想，如果他真的爱我们，想和我们一起朝美好的未来前进，他应该会打开大门欢迎我们进入他的领地，又怎么会想尽办法拒绝我们的入侵呢？

爱/情/故/事

倩萍和振东是在某咖啡馆认识的，当时服务人员送错了他们点的咖啡。当振东发现这个错误时，倩萍已经把振东点的那杯加了鲜奶油的咖啡喝去一大口了。倩萍是个感情丰富，但也是个感情用事的女子，她觉得这一切一定是神的安排。过去一个半月来，他们通话频繁，每周约会一次，周末时间经常结伴出游。

振东是律师，相当喜欢社交，他的个性迷人，但每次被问及过去的生活与律师工作时，他总语多闪避。由于才刚交往没多久，倩萍不敢过度刺探振东的生活，只能接受这种疏离的感觉，不过她相信，等到他们的感情再深厚一些时，振东自然会对她毫无保留。她喜欢振东，也希望这段感情有所进展，她不想只是在晚上和周末才能和振东见面，她希望白天也能和他正常联络、交谈，但他就是不准她这么做，因为他说他上班不接私人电话。

倩萍还是违背了振东的意思，她决定渗透到他的私人领地，打了振东办公室的电话。受到骚扰的振东语气严肃地告诉倩萍，她不该没有得到他的允许，就打电话到他的办公室，这根本就是窥探的行为。他说："我不是叫你不要打电话来我公司吗？我上班的时间非常忙碌，你打电话到办公室却找不到我，何必浪费时间呢？我不是说过，有空我就会打电话给你？"

此后，振东开始借口"工作很忙"，减少了约会的频率，这使得倩萍不禁担心振东会渐渐消失在她的生活中。她知道振东的工作很忙，所以她向他保证，只会打电话向他确认约会时间或改时间，或就只是简短地问候，绝对不会找他聊天。没想到她那通电话还是惹得他不高兴。倩萍不禁怀疑，他到底在隐藏什么？或更糟糕的，她对他来说，就那么不重要吗？

这次面对面的冲突，意外地让倩萍看清振东对这段感情的态度。他伤了她的感情，但他却不痛不痒，对于上班时间不可与外界接触一事，他也没有提出合理的解释。显然，他能给倩萍的远远不及倩萍所期望的。

"我觉得这件事没有什么好争论的，"振东告诉倩萍，"我希望事情能够顺着我的想法发展，要不然就算了。"

这就是振东提出来的解决方法，倩萍觉得很伤心，因为振东和她相当疏远，他觉得这样才自在。更令倩萍意想不到的是，她只是想在白天和振东说说话的简单要求，竟成了振东决定疏远她、想结束这段感情的理由。就这个看起来根本无关紧要的小小争执，对他而言，就已经是分手的充分理由了。

男人如果想分手，任何微不足道的借口都可以成立。

爱情显微镜

入侵对方的领地，让倩萍发现许多惊人的事实：男人比女人还会利用争执来结束一段感情。如果第一次争执就分手，证明这段感情并不值得争取。

入侵对方的领地，是感情发展过程中无法避免的阶段。有时我们会认为，和我们交往的这个人很完美，但在踏入他的领地之后，才惊觉他令人难以忍受。然而，如果我们觉得他相当令人难以忍受，两人的感情永远都无法达到适当的平衡。

30 遇到好男人，别轻易放手

聪明的女人遇到好男人时，不论他转向哪一个方向，她会让他面对的都是她，绝不会轻易拱手将他让给其他女人。

如果遇到一个值得我们努力争取的男人，就算同时面对好几个竞争对手，也绝对不可轻易放弃，要想办法把他赢过来。而且从一开始，就要假设我们一定会赢，当我们这样想时，就会有勇气试试自己的运气。

第一步的策略就是，想办法静静地进入对方的生活，然后制造机会让他注意到我们。例如，不论他走哪一条路线，都会在路口与我们巧遇，那么他就会注意到我们。只敢躲在树丛里偷看，或站在路边假装观看行人，以为这样就能引起他的注意，这样的女人是无法得到自己想要的东西的。

不要因为他和其他女人交往，就放弃想要争取他的心。别忘了，约会就是一场爱情淘汰赛，当我们有机会和他约会或相处时，切记，绝对不要讽刺或批评其他女人，要让他觉得和我们相处的感觉，就像在家里一样轻松自在。最好还能让他保有自己的空间，并允许他追求自己的兴趣，不要逼他和我们在一起的每一分钟都要注意到我们，毕竟当两人的感情稳定且深厚时，即使几个小时不交谈，也绝对会感觉到彼此的存在。

此外，还要懂得聆听与体贴。注意他要倾诉的事，然后出其不意地帮他完成其中某一件，让他觉得我们真的很重视他。例如，让他知道，为了陪他一起参加公司的派对，我们把与好友早就约好的晚餐约会往后顺延了。

爱/情/故/事

菱娟和荣成认识的过程相当奇妙。约两年前，菱娟陪好友到医院挂急诊，而荣成正好也送部属到医院急诊。在等候朋友的检查之际，两人都显得着急又担心，他们认为在这种急难的气氛中认识，也算是一种难得的缘分。

荣成开始约菱娟出游，但他对菱娟承认，他同时还与另两个女人在交往。在约会几次后，菱娟决定和荣成交往，并下定决心要打败另外两个女人，把荣成赢过来。她没有百分之百的胜算，但她不在乎，因为她觉得荣成值得她努力争取。虽然她的女性朋友都劝她离开荣成，但菱娟的回答是：“争取，我不见得有机会；但不争取，我永远都没有机会。”

荣成并没有因为能够同时和三个女人交往而感到沾沾自

喜或乐在其中。他并不想伤害任何人，他只想早点确定自己的爱，专情于其中一个女人。而菱娟又该怎么做，才能除去她的竞争对手？她仔细思考后，决定把事情简单化，就是用“爱”来达到目的，绝口不提起另外两个女人，绝对不能让她们的影子入侵到她和荣成的关系里。她若无其事地继续遵循着这段关系的规则，但在这么做的同时，虽然她内心难免感到紧张，但仍表现出其他女人所没有的镇定。

在这种情况下，她觉得打败情敌的最佳策略，就是纯粹当荣成心中最容易相处的女人即可。其他的女人为了争取他的注意力，也许会刻意创造刺激，让他觉得受到威胁而想抓紧她们。但菱娟不想采取这种方式，她决定以神秘感、无威胁感的刺激来取而代之。她让荣成体验到和她在一起的生活是那么丰富、有趣、自在，而且一点都不可怕。如果荣成是个性成熟的男人，他不会被那些玩弄戏剧化手段的女人所吸引。

菱娟的方式并没有奏效，或者说是荣成的个性不够成熟。菱娟认为他大约值得她忍受四个月，四个月后，她知道自己已经尽了最大的努力，所以她毫不后悔地离开他，但是这段经验也让菱娟学会如何应付在感情十字路口徘徊的男人。

后来，菱娟认识了志成，他一样是个脚踏好几条船的男人。当她开始和志成约会时，她买了一瓶相当特别的香水和一个很特别的钥匙圈送给志成，一个他可以一直都带在身边的东西。每当他使用那瓶香水，或闻到相似的味道时，他就会想到菱娟；每当他拿出钥匙打开车门或打开公寓的门时，即使是带其他女人进入他的公寓，他的脑海里，总会浮现菱娟的身影。菱娟花了半年的时间，终于赢得志成对她专一的爱。

爱情显微镜

有时候，一个男人会同时拥有一个和他持续肉体关系的女人；一个无话不谈的红粉知己；一个烧得一手好菜，随时可以让他享受美食的女人；以及一个当他遇到困境，可以随时指引他方向的心灵女导师。

聪明的女人会懂得同时兼顾这些身份，让男人不论转向哪个方向，面对的都是她。